新时代"三农"金融知识100问

庹思伟 郭燠霖 王 豪 编著

西南财经大学出版社
中国·成都

图书在版编目(CIP)数据

新时代"三农"金融知识100问/庹思伟,郭燠霖,
王豪编著.--成都:西南财经大学出版社,2025.2.
ISBN 978-7-5504-6634-0

Ⅰ.F832.35-44

中国国家版本馆 CIP 数据核字第 2025F05S98 号

新时代"三农"金融知识 100 问
XINSHIDAI "SANNONG" JINRONG ZHISHI 100 WEN

庹思伟 郭燠霖 王 豪 编著

策划编辑:何春梅 邓嘉玲
责任编辑:邓嘉玲
责任校对:李思嘉
封面设计:墨创文化
责任印制:朱曼丽

出版发行	西南财经大学出版社(四川省成都市光华村街 55 号)
网 址	http://cbs.swufe.edu.cn
电子邮件	bookcj@ swufe.edu.cn
邮政编码	610074
电 话	028-87353785
照 排	四川胜翔数码印务设计有限公司
印 刷	四川五洲彩印有限责任公司
成品尺寸	165 mm×230 mm
印 张	13.25
字 数	152 千字
版 次	2025 年 2 月第 1 版
印 次	2025 年 2 月第 1 次印刷
书 号	ISBN 978-7-5504-6634-0
定 价	35.00 元

专家顾问委员会

总　序

在这片古老而又充满活力的土地上，稻穗金黄，麦浪翻滚，这是中国农业的生动写照。然而，随着时代的车轮滚滚向前，我们对这片土地的耕耘与期待也在不断升级，农业、农村、农民——"三农"问题一直是国家发展的重要基石，农业的现代化、农村的振兴、农民的素质提升，已成为推动社会进步的关键力量。西南财经大学出版社推出的"服务'三农'系列图书"正是在这样的大背景下应运而生的，旨在为农业农村现代化发展提供智力支持和实践指导。

一、选题背景

2023 年，《农业农村部办公厅关于做好 2023 年高素质农民培育工作的通知》发布，这不仅是对农业人才的一次全面提升，更是对乡村振兴战略的有力支撑。我们看到了国家对于培养新时代农民的坚定决心和明确方向。高素质农民不仅要有扎实的农业知识，更要有创新精神和实践能力，能够在新的历史条件下，引领农业发展，促进农村繁荣，带动农民增收。我们深知，高素质农民的培养，不仅是知识的传授，更是精神的传承和实践的引领。

二、出版意义

"服务'三农'系列图书"的出版，正是响应国家号召，致力于培养具有现代视野、创新思维和实践能力的新型农民。我们希望通过本系列图书，为农民朋友以及投身农村建设的干部群众提供系统的学习资料，帮助他们在农业科技、经营管理、法律法规等方面获得全面的提升。

三、书系内容与结构

本系列图书分为两大类：一类是"培育现代化新农人图书"，另一类是"高素质农民培育与农业农村知识科普图书"。我们注重实用性与学术性的结合，力求让每一位读者都能在轻松阅读的同时，获得深刻的洞见。写作语言力求简洁明了，图书内容力求深入浅出，写作目标是让每一位农民都能轻松掌握图书内容。

培育现代化新农人图书：聚焦于新农人的创业实践和技能提升，包括《农产品直播带货：从入门到精通》《"三农"短视频：从入门到精通》以及《农产品电商课程：从入门到精通》等书籍。这些书籍将为农民朋友们提供实用的创业指导和技能训练，帮助他们在新经济形态下找到适合自己的发展路径。

高素质农民培育与农业农村知识科普图书：侧重于普及农业农村相关知识，包括《新时代"三农"金融知识 100 问》《乡村振兴战略与政策 100 问》等。这些书籍将帮助农民朋友们更好地理解农业政策，掌握相关法律法规，促进农业与相关产业的融合发展。

四、对读者的期望与祝福

我们期望"服务'三农'系列图书"能够成为农民朋友们的良师益友，不仅在知识层面给予他们丰富的滋养，更在精神层面激发他们的创新意识和实践勇气。我们相信，通过不断学习和实践，广大农民朋友都能够成为新时代的农业先锋，为实现乡村振兴战略贡献自己的力量。

愿"服务'三农'系列图书"能够伴随每一位农民朋友在农业现代化的道路上不断前行，共创辉煌。

愿"服务'三农'系列图书"成为连接知识与实践、传统与创新的桥梁，助力每一位农民朋友在新时代的农业发展中绽放光彩。

最后，我们向所有致力于农业农村发展的人致以崇高的敬意。

陈耿宣　张藜山

2024 年 12 月

前　言

在推进乡村全面振兴的伟大征程中，金融作为现代经济的血脉、连接城乡要素的桥梁，扮演着举足轻重的角色。农村金融泛指在农村地区为农民、农业企业或相关组织提供金融服务和支持的经济活动，它涵盖了储蓄、贷款、保险、投资等诸多领域，涉及农村信用合作社（农村商业银行）、村镇银行、政策性银行等众多机构。农村金融不仅是乡村振兴的重要支撑，也是推动农村经济社会持续健康发展的关键力量。由于种种原因，金融知识在广大农村地区并未得到充分普及，这在一定程度上制约了农村经济的活力与潜力。为了普及金融知识，提升农民朋友的金融素养，助力乡村振兴，我们特别编写了《新时代"三农"金融知识100问》一书。

《新时代"三农"金融知识100问》以问答的形式，深入浅出地介绍了农村金融的各个方面，包括金融产品、服务流程以及相关政策法规等。我们希望通过本书，为广大农民朋友和农村金融从业者提供一本通俗易懂又不失专业性的学习手册，帮助读者更好地理解和掌握农村金融的本质。

乡村振兴,金融先行。了解金融知识有以下好处:一是有助于农民更好地管理个人财务,通过合理的投资和储蓄策略增加收入。二是有助于农民、涉农企业及组织更好地理解和利用金融工具,更加有效地进行资金筹集、投资和管理,推动农村产业发展和产业升级。三是有助于农民更好地理解金融风险,防范金融诈骗、非法集资等不法行为,保障农民的财产安全和农村地区的金融安全。四是有助于增强农民的保险意识,减少自然灾害对农业生产的影响,减轻疾病、意外伤害带来的家庭经济负担,维系农业生产和农村社会的稳定。

我们相信,普及农村金融知识,不仅能够提升农民的金融素养,还能够激发农村经济的内在动力,推动乡村振兴战略的深入实施。我们衷心希望这本书能成为广大农民朋友和农村金融从业者的良师益友,助力乡村振兴的伟大事业。

本书的三位作者均有经济、金融专业背景,既有从事经济金融研究的科研人员,也有国有大型金融机构的管理人员。此外,四川省社会科学院MBA教育中心的硕士研究生覃四亮、罗圣杰、王晓玉,以及四川省社会科学院经济研究所的硕士研究生李珊珊也参与了本书的资料整理等。

由于笔者水平有限,书中难免存在一些纰漏,恳请广大读者多多批评指正,期待与大家共析疑义、升级认知。

庹思伟　郭燠霖　王豪

2024 年 12 月

目　录

第三章　农村金融监管机构与政策性农村金融机构 / 079

第一节　中国人民银行 / 081

第一章　农村金融概况

第一节 农村金融与农村经济

▷▷▷1. 什么是农村金融?

农村金融泛指与农村地区经济发展相关的金融活动和服务。它涵盖了农村地区涉及货币流通、信用借贷、资金汇兑、资金筹集,以及其他金融相关活动的一系列经济行为。农村金融的主要目标是:提高农民收入,改善农村民生,支持农村经济发展,并推动农村社会的全面进步。

农村金融涉及多个方面,包括但不限于以下方面。

一是农业金融。农业金融是农村金融的核心组成部分,它直接服务于农业生产的全过程。从购买种子、化肥、农药等农业生产资料,到支持农业机械化、农田基础设施建设,农业金融如同农业的"输血泵",为农业生产提供了源源不断的资金支持。这不仅有助于提升农业生产效率,还有助于促进农业现代化的进程,为农村经济的持续增长奠定坚实基础。

二是农村信贷。农村信贷是农村金融体系中最为贴近农户需求的金融服务之一。通过农村信用社、农村商业银行、农业银行等金融机构,农户可以便捷地获得贷款支持,以解决生产、生活中的资金难题。这些贷款不仅可以帮助农户扩大生产规模、提高收入水平,还能促进农村经济的多元化发展。同时,农村信贷还通过灵活的贷款产品和优惠的利率政策，降低农户的融资成本，增强其抵御市场风险的能力。

三是农村保险。 农业生产受自然条件的影响较大，因此具有一定风险。农村保险作为风险管理的重要手段，可以为农业生产提供坚实的保障。通过为农作物、养殖业等投保，农户可以在遭遇自然灾害、疾病疫情等风险时获得经济补偿，减少损失。这不仅有助于保证农户的收入预期，还能增强其从事农业生产的信心和积极性。同时，农村保险还能促进农业风险管理体系的完善，为农村经济的可持续发展提供有力保障。

四是农村储蓄与投资。 农村储蓄与投资是农村金融体系中促进农村居民财富增长的重要环节。农村金融通过提供多样化的金融产品，如储蓄存款、理财产品、小额信贷等，鼓励农村居民进行储蓄和投资，以实现财富的保值增值。这些资金不仅可以为农村居民提供稳定的收入来源，还可以为农村经济提供长期稳定的资金来源。同时，农村储蓄与投资还能促进农村金融市场的完善和发展，为农村经济的多元化、高质量发展提供有力支撑。

五是支付与结算服务。 支付与结算服务是农村金融体系中促进农村商业活动顺利进行的手段。通过推广移动支付、网上银行等现代支付手段，农村金融为农村居民提供了更加便捷、安全的支付方式。这不仅降低了交易成本和时间成本，还加快了资金流通速度，促进了农村商业活动的繁荣。同时，支付与结算服务的完善还有助于推动农村电子商务的发展，拓宽农产品的销售渠道和市场空间，为农村经济的转型升级提供新动力。

▷▷▷2. 作为农村居民，为什么有必要了解农村金融？

在快速变迁的现代社会中，农村金融不仅是农村经济的重要支柱，也是农村居民改善生活、增长财富和融入社会的关键途径。对于农村居民而言，深入了解农村金融具有多重深远的意义，原因可以归纳为以下六点。

一是支持经济决策，实现财务自由。掌握农村金融的基本知识，是农村居民做出理性经济决策的前提。从家庭预算规划到农业生产投资，农村金融知识可以为农村居民提供科学分析的工具。了解储蓄账户的种类、利率差异及贷款产品的条件与成本，能够帮助农村居民更合理地配置家庭资产、有效管理现金流、实现资产的保值增值。这不仅有助于提升农村居民的家庭生活水平，也为其未来的经济独立和财务自由奠定坚实的基础。

二是增强金融安全意识，守护财产安全。农村金融领域的复杂性和信息不对称性，使得农村居民更容易成为金融诈骗的目标。通过系统学习农村金融知识，农村居民能够增强对金融风险的识别能力和防范意识，辨别并远离非法集资、高利贷等金融陷阱。提升自我保护能力是保障农村居民财产安全、维护社会稳定的重要一环。

三是把握政策红利，享受优惠扶持。政府为促进农村经济的发展，不断推出各类金融优惠政策和扶持措施，如农业贷款贴息、保险补贴、小额信贷支持等。了解农村金融，意味着农村居民能够第一时间获取政策信息，准确把握政策导向，从而充分利用政策红利，降低生产成本，提高经济效益。这不仅有助于改善农村居民的生活条件，也能促进农村经济的整体发展。

四是推动农村经济繁荣，促进社会和谐。农村金融是农村经济发展的血脉。农村居民通过了解并积极参与农村金融活动，能够有效促进当地农业生产的现代化、规模化，同时激发农村商业活动的活力。这种自下而上的经济驱动力，不仅能够提升农村经济的整体实力，还能够带动农村基础设施的改善和公共服务的提升，进而促进农村社会的全面进步及和谐稳定。

五是提升金融素养，适应现代社会发展。在全球化、信息化的时代背景下，金融素养已成为衡量个人综合素质的重要指标之一。农村居民通过了解农村金融，不仅能够掌握基本的金融知识和技能，还能够培养良好的金融习惯和思维方式。金融素养的提升，有助于农村居民更好地适应现代经济社会的发展需求，为个人的全面发展和社会融入创造有利条件。

六是拓展融资渠道，解决资金难题。农村金融市场的多元化和包容性，为农村居民提供了丰富的融资渠道。了解农村金融，意味着农村居民能够根据自身需求，选择合适的融资方式，如银行贷款、合作社互助资金、互联网金融产品等，解决生产及生活中的资金问题。这种灵活多样的融资手段，不仅有助于缓解农村居民的资金压力，也为农村经济的持续发展注入新的活力。

▷▷▷3. 从历史的视野看，农村金融具有怎样的发展规律？

从历史的视野深入探索，农村金融的发展轨迹不仅映射了农村经济社会的变迁，也揭示了金融与经济相互依存、相互促进的深刻规律。这一过程，既是农村社会经济结构转型的镜像，也是金融体系自身不断创新与适应的结果。

在封建社会的自然经济阶段，农村金融的雏形主要体现为消费性高利贷和实物借贷。这种原始的金融形式虽较为单一，却深刻反映了当时农村经济自给自足、商品化程度低的现实。农户在面对自然灾害、疾病或婚丧嫁娶等产生的突发支出时，可能会选择高利贷这种高成本的融资方式，这种现象体现了农户对资金需求的迫切以及金融市场供给的匮乏。一些政策性农村金融的尝试，如北宋王安石变法过程中推行的"青苗法"等，则展示了国家通过行政手段干预农村金融，以缓解农民困境、促进农业生产的积极意图，尽管其实施效果受多种因素制约，但仍为后世农村金融政策的制定提供了宝贵的借鉴。

随着封建社会的结束及近代商品经济的兴起，农村金融活动迎来了前所未有的发展机遇。商品流通的加速、市场的扩大以及农业生产的商品化，促使农村金融需求激增，推动了金融组织的多样化发展。典当行、钱庄、票号等传统金融机构应运而生，不仅丰富了农村金融市场的层次，也促进了资金在城乡间的流动与配置。生产性借贷的兴起，更是标志着农村金融从单纯的消费性支持向促进农业生产、推动农村经济发展的深层次转变。这一时期,农村金融活动逐渐摆脱了单一的高利贷形式,开始向更加复杂、多元的金融体系迈进。

新中国成立以来,农村金融的发展进入了一个新的历史阶段。随着农村经济的不断发展和城乡关系的逐步调整,农村金融作为一个独立的经济学概念被明确提出,并得到了前所未有的重视。农村信用合作社、农村商业银行等新型金融机构的成立,标志着农村金融体系开始走向现代化、正规化。政府通过政策引导、资金支持等手段,积极推动农村金融改革与创新,努力缩小城乡金融服务差距,促进农村经济的全面发展。同时,随着互联网金融等新兴金融业态的兴起,农村金融服务的覆盖面不断扩大,其便捷性也得到了显著提升,为农村居民提供了更加多元化、个性化的金融服务选择。

当前,随着城乡一体化战略的深入实施,农村金融的发展正面临着新的机遇与挑战。一方面,农村金融需要继续深化改革,提升服务质量和效率,以满足农村经济社会发展的新需求;另一方面,农村金融也需要加强与城市金融的联动和融合,以促进城乡金融资源的优化配置和均衡发展。在这一过程中,农村金融的发展规律将更加清晰地展现出其与经济社会的紧密关联和相互促进的特性,为推动我国农业农村现代化进程提供坚实的金融支撑。

▷▷▷4. 与城市社区相比，农村社区的经济社会有何特点？

与城市社区相比，农村社区的经济社会特点构成了其独特的社会生态和文化风貌，这些特点不仅深刻影响着农村居民的生产生活方式，也塑造了农村社会的内在结构和价值观。农村社区的经济社会特点可以归纳为以下两点。

一是农村人口职业结构的单一性与农村产业结构的自我复制性。一方面，农村社区的经济活动高度集中于农业生产，这决定了农村人口职业结构的相对单一性。农村居民世代以耕作为生，对他们来说，土地不仅是生计的来源，也是身份的象征和情感的寄托。这种单一性不仅体现在农村居民的职业选择上，也深刻影响着他们的生活方式、思维方式和价值观念。与城市社区中多元的职业选择和丰富的文化生活相比，农村社区的生活节奏更为缓慢，人际关系更加紧密，社区文化也更加质朴和纯粹。另一方面，在农村社区中，产业技艺和行业规范往往通过家族或师徒制的方式进行传承，比如，村里的工匠、农民等职业群体，在长期的生产实践中积累了丰富的经验和技艺，这些经验和技艺通过家族内部或师徒间的口传心授得以延续。这种独特的复制性不仅促进了农村产业的稳定与持续发展，也维护了农村社区的社会结构和文化传统。

二是农村社会评价体系的历史延续性与评价机制的软性化。一方面，农村社区的社会评价体系具有深厚的历史底蕴和文化积淀。在这个评价体系中，一个人的行为不仅受到当前行为的评判，还要考虑到其家族历史、伦理道德等方面。这种历史延续性不仅使得农村社区的社会评价体系更加全面，也增强了社区成员对家族荣誉和社区责任的认同感。同时，它还促使农村居民更加注重个人品德和家族声誉的维护，从而形成良好的社会风气和道德规范。另一方面，与城市社区中普遍采用的硬性评价指标（如学历、职业、收入等）不同，农村社区的社会评价机制更倾向于软性化。在农村社区中，人们更多地依赖口碑、道德评价等非正式机制来评判一个人的价值。这种软性化的评价机制虽然缺乏明确的标准和量化指标，但它更加贴近农村社区的实际情况和人文环境。通过邻里间的闲言碎语和口碑相传，农村社区能够形成一种有效的社会监督机制，从而促使农村居民自觉遵守社区规范和道德准则。此外，这种软性化的评价机制也增强了农村社区的凝聚力和归属感，使得农村居民更加珍惜自己的社区身份。

▷▷▷5. 农村经济活动与城市经济活动存在哪些明显差异？

农村经济活动与城市经济活动之间的差异，不仅体现在表象的人口结构与就业机会、产业结构与经济发展方式上，更深刻地反映在市场意识与商品化率、资源配置与发展机遇等多个维度上，这些差异共同构成了城乡经济发展的不同面貌。

一是人口结构与就业机会。在农村经济活动中，人口结构老龄化的趋势显著，年轻劳动力的外流成为普遍现象。这种"空心化"现象不仅削弱了农村的生产力，也影响了农村的消费市场和创新能力。相比之下，城市以其丰富的就业机会、良好的教育资源和较高的生活质量吸引了大量年轻人聚集，形成了更加活跃和多元的人口结构。城市居民的教育水平普遍较高，这为他们提升在职场上的竞争力提供了有力支持，也促进了城市经济的多元化发展。

二是产业结构与经济发展方式。农村地区的产业结构相对单一，以农业和传统手工业为主，这些产业往往受到自然条件的限制，且难以形成规模效应。农业生产虽然能满足基本生活需求，但在市场竞争中往往处于劣势，难以获得高额利润。而城市地区的产业结构则更加多元化，涵盖了现代服务业、高科技产业等多个领域，这些产业具有更高的附加值和更强的市场竞争力。城市的经济发展方式也更加注重创新和效率，如通过技术进步和产业升级来推动经济增长。

三是市场意识与商品化率。农村地区由于长期受传统人情社会的影响，人们的市场意识和契约精神相对较弱，这导致农村经济活动中的交易行为往往缺乏规范性和透明度，交易成本和风险较高。同时，乡镇经济的规模较小，商品化率较低，许多农产品和手工艺品仍停留在自给自足的阶段，难以进入更广阔的市场。相比之下，城市经济则更加注重市场化和商品化，通过建立健全的市场体系和法律法规来保障交易双方的权益，推动经济活动的顺利进行。

四是资源配置与发展机遇。城市作为经济活动的中心，拥有更多的资源和优势。比如，城市的交通便利、信息畅通、人才集聚等特点为经济发展提供了良好的条件；城市通常拥有更强的财政实力和更灵活的政策手段，能够吸引更多的投资和企业入驻，从而推动经济快速增长。而农村地区则面临着资源匮乏、基础设施滞后、市场规模较小等困境，这些因素都制约了农村经济的发展。然而，随着乡村振兴战略的深入实施和城乡融合发展的不断推进，农村地区也迎来了新的发展机遇和挑战。

▷▷▷6. 如何从"差序格局"角度理解中国农村经济？

站在"差序格局"角度，可以通过深入探讨农村社会的结构特征及其对经济发展的影响来理解中国农村经济。费孝通先生在《乡土中国》中提出，传统社会是一个熟人社会，强调人与人之间的关系在农村经济活动中的重要性。在这种社会结构中，农村经济的发展不仅依赖于市场机制，还受到社会关系网络的深刻影响。

"差序格局"的核心在于以个人或家庭为中心的社会关系网络。这种网络通常由血缘、地缘等关系构成，并形成一个层层递进的关系体系。在农村，家庭和亲属关系是最基本的社会单位，农村居民在经济活动中往往首先依赖于家庭和亲戚的支持。这种关系网络能够为农村居民提供多方面的帮助，包括资源共享、教育支持、就业推荐等。例如，当一个家庭需要一笔资金进行农业投资时，往往会先选择向亲戚借款，而不是寻求银行贷款。这种基于信任的借贷关系能够降低交易成本、提高资金的流动性，从而促进农村经济的发展。

农村的社会关系网络在资源配置中起着重要作用。通过亲戚、邻里和朋友的关系，农村居民能够获取更多的信息和资源。这种信息的共享能够帮助农村居民更好地了解市场需求、价格变化和技术创新，从而做出更合理的生产决策。比如，农村居民通过邻里之间的交流，能够及时获得关于新技术的推广、市场行情的变化等信息，进而调整自己的种植和养殖计划，提高自己的经济效益。此外，农村的合作社和集体经济组织也往往依赖于这种"差序格局"，成员之间通过建立信任关系，促进彼此的合作与资源共享。然而，"差序格局"也可能成为制约农村经济发展的因素。在农村社会中，群体的利益矛盾时常存在，尤其体现在资源分配和利益冲突方面。由于社会关系的复杂性，某些家庭或群体可能会通过关系网络获取更多的资源和机会，而其他家庭则可能被边缘化。这种现象在农村经济中表现为信息壁垒的形成导致资源配置的不均衡。比如，掌握更多社会关系的家庭，在土地承包、贷款申请等方面可能会获得优先权，而其他家庭则可能面临信息不对称，从而难以获取相应的资源。这种不平等的资源分配不仅影响了农村经济的整体发展，也加剧了农村内部的贫富差距。

"差序格局"中的资源分配往往与权力关系紧密相连。在农村，掌握更多资源的家族通常拥有更大的话语权，能够在村庄治理、资源分配等方面发挥重要作用。这种权力的不平等可能导致农村经济发展的不平衡，从而影响政策的实施效果。在一些农村地区，地方政府在制定政策时，可能会受到有权势的家族的影响，导致政策倾斜于某些特定群体，而忽视其他农村居民的利益。这种现象不仅影响了农村经济的公平性，也可能导致社会的不稳定。

从整体来看,"差序格局"在中国农村经济中发挥着复杂的作用。 一方面,亲戚、邻里和朋友之间的关系能够促进资源的共享和信息的流通,为农村经济的发展提供支持;另一方面,社会关系的复杂性和权力的不平等也可能成为农村经济发展的障碍。因此,在推动农村经济发展的过程中,既要充分利用"差序格局"带来的优势,促进资源的有效配置和利用,又要关注社会关系中的不平等现象,努力构建更加公平和可持续的农村经济发展模式。

▷▷▷7. 如何从"差序格局"角度理解中国农村金融?

费孝通先生提出的"差序格局"理论强调了在农村社会中以家庭为中心的关系网络,这种网络不仅影响了农村居民的生活方式,也深刻影响了他们的金融行为和金融需求。

从金融需求的角度来看, "差序格局"导致农村社会关系呈现出层次性。普通农户的金融需求主要集中在生活消费和简单再生产上,例如,购买日常生活用品、支付子女教育费用、进行小规模的农业生产等。这些需求通常较为基础,借贷金额相对较小,且借款的主要方式往往是亲戚、朋友或邻里之间的非正式借贷。由于这些借贷关系建立在信任的基础上,因此农户在借款时往往不需要提供过多的抵押或担保。相比之下,经营型农户的金融需求则更加复杂和多样化。经营型农户通常从事规模较大的农业生产或副业经营,他们的贷款需求主要用于扩大再生产、购买先进设备、引进新技术或进行市场拓展等。这些需求不仅涉及资金的数量,还涉及资金的使用效率和投资回报。经营型农户在寻求金融支持时,往往需要提供更为详细的商业计划和财务报表,以便金融机构进行评估。差异化的金融需求反映了农村金融市场的多样性,也提示金融机构在设计金融产品时需要考虑不同类型农户的具体需求。

从金融供给的角度来看,农村金融机构的信用评估机制受到"差序格局"的影响。一方面,农村金融机构在对农户进行信用评估时,往往依赖于血缘、地缘等社会关系,这使得在"差序格局"中处于中心位置的农户更容易获得金融支持。这些农户通常拥有较强的社会网络,能够通过亲戚、朋友的推荐获得贷款,甚至在信用记录不佳的情况下也能获得金融机构的信任。另一方面,"差序格局"外围的农户面临较大的金融排斥,这些农户由于缺乏强大的社会关系网络,往往难以获得足够的金融支持。农村金融机构对这些农户的信用情况了解不足,导致这些农户在申请贷款时面临信息不对称的困境。这种情况不仅限制了外围农户的融资渠道,影响了他们的生产和生活,也进一步加剧了农村经济的分化。

从风险控制的角度来看,"差序格局"中的借贷行为往往基于彼此之间的信任和亲密关系。这种借贷行为虽然在一定程度上降低了交易成本,但也可能带来一定风险。例如,借款人可能因为与贷款人之间的亲密关系而不愿意如实报告自己的财务状况,导致贷款人面临更高的违约风险。为了有效控制风险，农村金融机构需要建立完善的信用评估体系和风险控制机制。其一，建立信用评估体系。建立信用评估体系的关键在于信息的透明化和共享。农村金融机构可以通过建立信息平台，收集和整合农户的信用信息，包括借贷记录、还款能力、经营状况等。这不仅有助于金融机构更准确地评估农户的信用风险，也能为农户提供更为公平的融资机会。同时，金融机构还可以通过与地方政府、农村合作社等组织合作，以获取更多的信用信息，降低信息不对称带来的风险。其二，建立风险控制机制。农村金融机构可以通过多样化的金融产品设计，降低单一借贷的风险。例如，推出小额贷款、农业保险、信用担保等产品，帮助农户分散风险，及时发现潜在隐患。

▷▷▷8. 我国农村从乡土社会走向信用社会的转型过渡期，面临哪些信用困境？

我国农村在从乡土社会走向信用社会的转型过渡期，面临以下五种信用困境。

一是信息不对称与道德风险。随着从熟人社会向陌生人社会的转变，交易范围不断扩大，信息不对称问题日益突出。在传统的乡土社会中，交易主要发生在熟人之间，由于交易双方相互了解，彼此之间存在一种天然的信任感，这种信任感使得双方的交易成本较低，在交易中的风险也相对较小。然而，随着现代社会的发展，交易越来越多地发生在陌生人之间，交易双方缺乏必要的信息交流和了解，这种信息不对称加剧了逆向选择和道德风险。农户在与陌生人进行交易时，可能面临被欺诈的风险，尤其是在贷款或购买农产品时，若缺乏对对方信用状况的了解，容易造成自身的损失。同时，金融机构在评估借款人信用时，由于对借款人的信息了解不足，可能会做出错误的判断，导致信贷风险的增加。

二是信用担保机制不完善。我国农村的金融风险转移机制尚不完善，农户在融资时往往缺乏有效的担保渠道，导致融资难度加大。尤其是对于小规模农户而言，他们往往没有足够的资产作为抵押，从而难以获得金融机构的信贷支持。这种担保机制的缺失，使得农村金融分散风险的能力不足，进一步加剧了农户的信用困境。

三是法律体系和惩罚激励机制不健全。在契约社会中，法律体系和惩罚激励机制是维护信用的重要保障。而在我国农村社会转型期，这些机制尚不健全。一方面，农村居民的法律意识普遍较弱，很多农户在签订合同或协议时缺乏必要的法律知识，容易受到不法分子的欺诈。另一方面，现有的法律体系在执行过程中存在一定的滞后性，导致一些农户或企业在面临利益诱惑时，选择违约或不履行合同义务。这种现象不仅损害了守信者的利益，也进一步加剧了信用危机，从而使得整个社会的信用环境恶化。

四是社会结构的变动与农户的短视行为。在农村社会转型期，农村的社会结构存在很大的不稳定性，人们面临许多不确定的情况。这种不确定性可能会增加农户的短视行为，如更注重眼前利益而忽视长远信用建设。许多农户在面对资金需求时，往往选择短期内能够获得利益的方式，而不考虑长期的信用积累。这种短视行为使得农户在进行经济活动时，容易忽视信用的重要性，导致不良信用记录的积累，形成恶性循环。

五是农村的社会信任体系在转型过程中受到挑战。在乡土社会中，传统的伦理道德和人际关系为农户提供了强有力的信用保障。然而，随着现代化进程的推进，这种传统的信任体系逐渐弱化，农户之间的信任关系变得脆弱。在这种情况下，农户更倾向于以自我保护为主，导致农户的合作意愿降低，进一步影响农村经济的合作和发展。

第二节　农户的金融行为特征

▷▷▷9. 我国农户的借贷行为有何特征？

我国农户的借贷行为呈现出以下六点主要特征，这些特征反映了农户在融资过程中所面临的独特情况和挑战。

一是借贷需求集中。农户的借贷需求主要集中在农业生产和日常生活方面，具体包括购买种子、肥料、农机具以及家庭开支等。这种需求的集中性源于农业生产的季节性和周期性特点。农户在春耕、夏季灌溉和秋收等关键时期，往往需要大量的资金投入，以确保生产的顺利进行。同时，农户在家庭生活方面的支出也常常需要借贷支持，尤其是在教育、医疗等方面的开销。由于农户的收入波动较大，借贷成为他们应对经济压力、维持家庭生活的重要手段。

二是借贷方式多样化。我国农户的借贷方式表现出多样化的特点，包括家庭内部借贷、担保借贷、同乡互助借贷、合作社借贷等多种形式，这种多样化反映了农户在借贷过程中的灵活性和适应性。在家庭内部，农户可以通过亲戚、朋友等进行小额借贷，这种借贷方式通常不需要支付利息或只需支付较低的利息。在同乡互助借贷中，农户之间通过建立信任关系进行资金互助，这种方式往往能够降低借贷成本。而合作社借贷则通过集体的力量，提高融资的效率和成功率。这些多样化的借贷方式为农户提供了多种选择，使其能够根据自身的需求和经济状况选择合适的借贷渠道。

三是借贷利率较高。由于借贷市场存在信息不对称、交易成本高以及贷款风险大等因素，农户通常需要支付相对较高的借贷利息。这在一定程度上增加了农户的借贷成本和经济负担。尤其是在农村地区，正规金融机构的覆盖面相对有限，农户往往不得不依赖于高利贷或非正规借贷渠道。这些渠道的贷款利率往往高于银行的贷款利率，因此农户会有更大的还款压力。借贷利率的高企也使得农户在进行生产决策时更加谨慎，在资金使用上更加保守，从而影响生产效率和经济收益。

四是信息不对称与农户的还款能力和生产收益的不确定性并存。在农户的借贷过程中，信息不对称和不确定性是普遍存在的现象。农户可能缺乏相应的信用评估和资产抵押，这使得资金供给方在授信时更加谨慎。金融机构在对农户进行信用评估时，往往面临信息不对称的问题，导致其对借款人的信任度较低，进而影响贷款的发放。信息不对称不仅可能使得农户的贷款额度受到限制，甚至可能导致农户难以获得贷款。农户的还款能力和生产收益的不确定性，也会影响金融机构对农户贷款的风险评估，从而影响贷款的发放。

五是借贷风险大。由于农村经营环境的复杂性和农户收益的不稳定性，以及天灾人祸等不可预测因素，农户的借贷风险相对较大。这要求农户在借贷时需要充分考虑自身的偿债能力和风险控制能力。例如，农户在进行农业生产时，面临着气候变化、市场波动等多重风险，这些因素可能导致农户的收入不稳定，进而影响其还款能力。农村地区的基础设施建设相对滞后，有效的风险管理机制较为缺乏，因此农户在借贷后面临更大的风险。所以，在借贷决策中，农户需要更加谨慎地评估自身的偿债能力和可能面临的风险。

六是借贷行为的社会性和依赖性。农户的借贷行为往往受到社会关系的影响。在农村社会中，亲戚、朋友和邻里之间的关系密切，其借贷行为常常建立在相互信任的基础上。这种社会性使得农户在借贷时更倾向于依赖熟人或社区网络，而不是寻求金融机构的帮助。这种依赖性虽然一方面能够降低借贷成本，但另一方面也可能导致农户在财务管理上缺乏专业知识，从而增加借贷风险。

▷▷▷10. 我国农村社会的信贷供给有何特点？

我国农村社会的信贷供给特点可以归纳为以下六点。

一是信贷供给存在区域性差异。由于各地区的经济发展水平和金融资源配置不同，农户信贷供给也表现出明显的区域性差异。如一些地区的信贷供给过剩，而另一些地区的信贷供给则供不应求。

二是信贷服务以非正规方式为主。目前，许多农村地区的信贷服务仍然以非正规方式为主，如民间借款等。这主要是因为正规金融机构对农户信贷的准入门槛较高，且贷款手续烦琐。然而，非正规信贷活动可能隐含较大风险。

三是信贷供给多样化。农村信贷供给包括农业生产贷款、农村基础设施建设贷款、农户住房贷款等多种类型，以满足不同类型的农户的不同信贷需求。例如，农业大户需要的是长期投资贷款，而普通农户则更倾向于短期消费贷款。

四是风险性较大。农村信贷的借款人大多是农民，其生产经营活动受自然灾害、市场波动等风险因素的影响较大，因此农村贷款的风险也相对较大。

五是信贷主体复杂。农村信贷的主体不仅包括传统的农村居民个人和家庭，还包括农村合作社、农村企业等组织性主体，因此农村信贷的主体较为复杂。

六是政策支持力度大。近年来，国家对于"三农"信贷供给的重视程度不断提升,通过完善政策性金融体系、强化货币政策精准支持、完善大中型银行"三农"金融服务专业化工作机制等措施,力促完善农业农村基础设施,提高涉农风险防范和抵御能力。

▷▷▷11. 我国农村社会的信贷需求有何特点?

我国农村社会的信贷需求呈现以下五个主要特点。

一是需求来源广泛且多样化。 农村信贷需求涵盖农业生产、农村基础设施建设、农户住房贷款等多个方面,这些需求来源于农村经济的发展和农民生活的改善,体现了农村信贷需求的多样化。

二是受自然灾害和市场波动影响大。 由于农村信贷的借款人多为农民,他们的生产经营活动容易受自然灾害、市场波动等风险的影响,这种风险性使得农村信贷的需求和偿还能力存在一定的不确定性。

三是信息不对称广泛存在。 我国信贷市场存在一定的不透明性,特别是在农村地区,农村居民和农村企业往往面临信息获取途径有限、对信贷知识和信贷政策的认识不足等问题,这导致了信贷需求与供给之间的信息不对称。

四是私人借贷比重较高。 农村信用合作社或农村商业银行是农村地区主要的正规贷款渠道。然而,此类正规金融机构提供的贷款并不足以满足广泛的农户需求。因此,农户和农村企业更倾向于使用私人贷款,尽管这会带来更高的风险。

五是不同类型农户的信贷需求差异大。 不同类型农户在信贷需求上的差异显著。低收入农户由于收入低或不稳定，其信贷需求往往较小且不敢轻易借贷。高收入农户由于自给自足的小农经济特征显著，其信贷需求相对较少。

第三节　农村金融体制历史沿革与现状

▷▷▷12. 我国农村金融体系发展经历了几个阶段？

我国农村金融体系发展大致经历了三个阶段。

第一阶段是单一银行体系阶段（1949—1978 年）。在农村金融领域，中国人民银行构建了覆盖全国的农村存贷款服务网络。20 世纪 50 年代成立的专注为农户生产提供信贷支持的农村信用合作社，与中国人民银行农业部及其分支机构共同形成了农村金融的框架体系。20 世纪 50 年代末期，中国人民银行接管了农村信用合作社，在随后的六七十年代，农村信用合作社持续承担着农村地区信贷与储蓄计划的职责。

第二阶段是农村金融机构体系逐步完善阶段（1979—2002 年）。在这一阶段，农村金融格局初步形成了以合作金融为基础，商业性金融、政策性金融分工协作的农村金融体系。在这期间，四大国有商业银行从中国人民银行中拆分出来。中国农业银行及其分支机构作为农村地区唯一的国有金融机构，负责向农业生产提供信贷、统一管理支农资金、领导农信社,其他商业银行不得在农村地区开展业务,以防止与中国农业银行形成竞争。

第三阶段是农村金融政策体系逐步建立阶段（2003 年至今）。2002 年全国金融工作会议确定的农信社改革的基本思路是,组织模式上不再"一刀切"、鼓励条件允许的地方实行商业化、不搞全国纵向条条管理、坚持小额信用贷款、省政府参与风险化解。2007 年的全国金融工作会议确定了农业银行"面向'三农'、整体改制、商业运作、择机上市"的总体改革方向。2006 年年底,为提升农村地区金融市场竞争力,原银监会调整和放宽了农村地区银行业金融机构准入政策,允许成立村镇银行、资金互助社、贷款公司及只贷不存的小额贷款公司,试点农业保险等。多样化的金融组织形式较好地满足了多元化的农村金融需求。但是,农村金融体系市场化改革的任务仍然任重道远。

▷▷▷13. 我国农村信用合作社（农村商业银行）的发展经历了几个阶段?

合作金融制度是农村金融体系的核心组成部分。我国农村信用合作社（农村商业银行）的历史沿革可以大致分为以下几个阶段。

第一阶段是初创期（1951 年至 1957 年）。1951 年 5 月,中国人民银行总行召开了第一次全国农村金融工作会议,决定大力发展农村信用合作社。在中央政府的鼓励和指导下,从 1954 年到 1956 年,全国信用合作社的数量超过了 16 万家,信用合作社运动呈现出一个发展小高潮。

这一时期农村信用合作社的资本金出农民入股，干部由社员选举，农村信用合作社通过信贷活动为社员的生产生活服务。

第二阶段是曲折发展期（1958 年至 1979 年）。在这一时期，农村信用合作社曾先后下放给人民公社、生产大队甚至贫下中农管理，令这一阶段的农村信用合作社的发展遭受挫折。

第三阶段是恢复与改革期（1980 年至 1995 年）。1978 年以后，随着农村经济和金融市场的深刻变革，农业银行开始支持信用合作社的发展。1984 年 8 月，国务院提出进行农村信用合作社管理体制改革，旨在把信用合作社真正办成群众性的合作金融组织，恢复和加强信用合作社的"三性"（组织上的群众性、管理上的民主性、经营上的灵活性）。此后十几年，农村信用社在中国农业银行的领导下，按照合作金融的方向进行了改革。

第四阶段是独立发展期（1996 年至今）。1996 年，根据《国务院关于农村金融体制改革的决定》，农村信用合作社与中国农业银行脱离行政隶属关系。农村信用合作社开始进行体制改革，逐步向市场化、商业化方向发展。2011 年以来，中央政府鼓励农村信用合作社向市场化、现代商业银行经营制度方向发展，以便扩大业务范围、强化风险控制体系、提升经营效益和可持续发展能力，由此，农村信用合作社逐渐向农村商业银行转型。

▷▷▷14. 我国农村政策性金融体系的发展经历了几个阶段?

我国农村政策性金融体系的发展经历了多个阶段,这一历程与我国农村经济和金融改革紧密相连,体现了国家对农业和农村发展的高度重视和支持。

在新中国成立以前,尽管我国曾有过一些扶助农业的政策和金融机构的初步尝试,如设立"农民银行"等,但这些政策和机构并未能形成完整的农村政策性金融体系。当时,农村地区的经济处于较为落后的状态,金融资源匮乏,农村居民难以获得有效的金融服务。

新中国成立初期,我国进入了计划经济时期(1949年至1978年)。在这一阶段,农村金融活动主要受到中国人民银行的统一管理和指导。政策性金融在这一时期占据了主导地位,商业性金融活动相对较少。国家通过计划手段,将有限的金融资源投向农业生产,以支持农村经济的恢复和发展。然而,这种高度集中的金融管理体制也限制了农村金融市场的活力和创新。

随着改革开放的深入推进,我国农村金融体系也迎来了重要的转折点。1979年,中国农业银行恢复成立,成为负责管理支农资金和办理农村信贷业务的专业银行。这一变化标志着农村金融开始从计划经济向市场经济转型,政策性金融与商业性金融开始逐步分离。中国农业银行和农村信用合作社等金融机构的参与,为农村金融市场注入了新的活力。

然而，尽管中国农业银行等机构在农村金融市场中发挥了重要作用，但还缺乏专门的农村政策性金融机构。为了满足农业和农村经济发展对政策性金融的迫切需求，1994 年，中国农业发展银行应运而生。作为我国首家专门性农村政策性金融机构，中国农业发展银行承载着为农业和农村经济发展提供稳定、持续金融支持的重要使命。

中国农业发展银行的成立，不仅填补了我国农村政策性金融机构的空白，也为农业和农村经济的发展注入了强大的动力。中国农业发展银行通过办理农业政策性贷款、代理财政支农资金的拨付等业务，有效缓解了农业生产资金不足的问题，支持了农业基础设施建设和农业产业化发展。同时，中国农业发展银行还积极探索创新金融服务模式，为农民提供更加便捷、高效的金融服务。

至今，中国农业发展银行仍继续在农村金融领域发挥着不可替代的作用。随着农业现代化和乡村振兴战略的深入实施，中国农业发展银行将进一步加大对农业和农村经济的支持力度，推动农村金融市场的繁荣发展。

▷▷▷15. 国际经验对中国农村金融改革的启示有哪些?

随着全球化的推进，各国之间的经济交流与合作日益加深，国际金融市场的经验对于指导我国农村金融改革具有重要意义。深入分析国际上的成功案例，可以为中国农村金融改革提供更多的启示和建议。

一是构建全面的农村金融基础设施。以美国为例，其农村金融体系较为完善，很大程度上得益于其全面而先进的金融基础设施。美国建立了一个庞大且高效的农村金融网络，即使在偏远的农业区域，农民和农业相关企业也能便捷地获得各种金融服务。此外，其支付与结算系统的高效性和安全性也为农村金融市场的稳定运行提供了坚实保障。我国农村地区，尤其是偏远山区和贫困地区，其金融基础设施仍然较为薄弱。我们可以从美国的农村金融体系建设中汲取经验，大力推进农村金融服务网络的拓展，引入更先进的支付技术，建立健全农村金融风险监测与应对体系，实现风险的早期预警和有效控制。

二是政府应提供有力的政策和法律支持。日本政府在推动农村金融发展方面发挥了关键作用。日本政府通过实施一系列激励政策，如财政补贴、税收优惠等，成功引导金融机构向农村地区提供贷款和其他金融服务。同时，日本政府通过制定严格的法律法规，规范了农村金融市场的运作，确保了农民和金融机构的权益得到有效保护。我们可以借鉴日本的经验，考虑出台更加具体和有针对性的财税优惠政策，完善农村金融法律法规体系，强化政府对农村金融市场的监管，确保政策的有效执行和市场的公平竞争。

三是充分利用信息技术提升服务效率。印度在推广数字金融服务和移动支付方面取得了显著成果。通过信息技术的运用，印度成功地将金融服务延伸到了农村地区，大大提高了金融服务的覆盖率和便捷性。这不仅为农村居民提供了更加高效的金融服务体验，还降低了金融机构的运营成本。当前，我国农村地区的信息化水平仍然较低，制约了金融服务的发展。可以借鉴印度的经验，加快农村地区的信息化基础设施建设，鼓励和支持金融机构开发适合农村市场的数字金融产品和移动应用，加强农村地区金融知识普及教育，提高农村居民对数字金融服务的认知和接受程度。

四是培育多元化的金融机构体系以满足不同需求。在欧洲，如法国和德国等国家，多元化的金融机构体系为农业和农村经济的发展提供了全方位的支持，这些机构包括商业银行、农业信贷机构、合作社银行等，它们各具特色，能够满足不同农村居民和农业企业的金融需求。为了推动农村金融市场的繁荣发展，我们可以考虑放宽市场准入条件，吸引更多类型的金融机构进入农村市场，增强市场的竞争力和活力。同时，鼓励现有农村金融机构进行业务创新和服务升级，提高金融服务的质量和效率。加强不同金融机构之间的合作与交流，实现资源共享和优势互补，共同推动农村金融市场的健康发展。

五是注重金融教育与培训以提升金融素养。许多国家在推动农村金融发展的同时，也非常重视金融教育和培训。通过增加农村居民的金融知识和技能，他们能够更好地利用金融工具来支持自己的农业生产和经营活动。这不仅有助于提升农村居民的金融素养和风险意识，还能促进农村金融市场的稳定和可持续发展。在我国，随着农村经济的快速发展和金融市场的不断深化，农村居民的金融素养提升也显得尤为重要。一方面，可以开展广泛的金融知识普及活动，如讲座、研讨会等，帮助农村居民了解基本的金融概念和工具。另一方面，可以与教育机构合作，开发适合农村居民的金融培训课程，利用现代信息技术手段，如在线教育平台等，为农村居民提供更加便捷和高效的金融学习资源，提高他们的金融操作能力和风险管理水平。

第四节　农村金融机构与农村金融市场

▷▷▷16. 农村信用合作社、农村合作银行、农村商业银行有何异同？

农村信用合作社、农村合作银行和农村商业银行均是农村地区常见的商业金融机构，其在服务对象上有所重叠，但在成立背景、股权结构和管理方式，以及发展趋势等方面存在显著差异。这些差异反映了我国农村金融机构从合作制向股份制、从服务社员到服务地区农村经济的演变过程。

从成立背景和目的看，农村信用合作社是最早服务于农业生产和农村发展的金融机构，主要由社员入股组成，实行民主管理，主要为社员提供金融服务。农村合作银行是在遵循合作制原则的基础上，吸收股份制的原则和做法而构建的一种银行组织形式，是实行股份合作制的社区性地方金融机构。它由若干家农村信用合作社合并而来，主要为农民、农业和农村经济发展提供金融服务。农村商业银行则是由农村信用合作社或农村合作银行改制组建而来，实现商业化经营，其性质几乎等同于商业银行。

从股权结构和管理方式看，农村信用合作社是全体社员出资设立的，由全体社员民主管理。农村合作银行是由辖内农民、农村工商户、企业法人和其他经济组织入股组成的，实行股份合作制。农村商业银行是股份制地方性金融机构，由辖内农民、农村工商户、企业法人和其他经济组织共同入股组成，其管理更加商业化和专业化。

从发展趋势看，随着农村金融体制的改革，部分农村信用合作社已经转化为农村商业银行，以适应经济发达地区的农村金融需求。农村合作银行在数量上相对较少，是农村金融体制改革的一个过渡形态。农村商业银行则在满足"三农"需要的前提下，还需兼顾城乡经济协调发展的目标，其商业化程度更高，服务范围更加广泛，服务产品也更加多元。

▷▷▷17. 相比城市金融机构，农村金融机构的经营环境存在的最大不同是什么？

相比城市金融机构，农村金融机构的经营环境存在诸多显著的不同，其中最大的差异在于所在区域的市场化程度以及地方政府对其经营活动的行政干预。这些差异不仅影响了农村金融机构的业务模式、风险管理，还对其长期发展和地区经济的支持能力产生了深远影响。

首先，从市场化程度来看，农村地区，尤其是我国中西部的农村地区，经济发展相对滞后，市场体系不够成熟。这导致农村金融机构在开展业务时，往往面临着市场规模有限、金融产品需求单一、客户群体分散且风险承受能力较弱等问题。相比之下，城市金融机构则能在更为成熟和多元的市场环境中运营，享受到更多的市场机会。

其次，从地方财政来看，由于农村地区财政自给率较低，不少地区的财政状况紧张，因此农村金融机构在一定程度上被赋予了公共财政的职能。这种职能的赋予往往表现为政府牵头、企业出面贷款建设的公共设施项目。然而，这些项目在建成后往往因为缺乏足够的消费群体而难以实现可持续运营，最终形成不良贷款。这种情况在农村地区屡见不鲜，严重影响了农村金融机构的资产质量。

再次，从制度建设来看，农村社会保障制度的不完善以及基层财政体制的不健全也是导致农村金融机构经营环境复杂化的重要原因。由于教育和医疗等公共财政支出存在巨大缺口，农村金融机构不得不承担起部分本应由政府承担的财政职能。这不仅增加了农村金融机构的运营压力，也使其业务活动更加容易受到地方政府行政干预的影响。

最后，从资金流动来看，在市场经济体制下，资金总是流向投资回报率更高的地区。由于农村地区整体经济发展落后，投资回报率相对较低，因此面临着巨大的资金流出压力。这种资金流出的趋势不仅削弱了农村金融机构的资金基础，也进一步强化了当地政府通过农村金融机构履行公共财政职能的动机。

这些因素相互交织、相互影响，形成了一个复杂的负反馈链条。在这个链条中，市场化程度的不足、地方政府的行政干预、社会保障制度的不完善、基层财政体制的不健全，以及资金流出的压力等都是关键的环节。为了改善农村金融机构的经营环境并提升其服务地区经济的能力，政府需要从多个方面入手进行综合施策，包括推进市场化改革、优化政府职能、完善社会保障制度、加强基层财政建设以及引导资金流向等。只有这样，才能打破这个负反馈链条，推动农村金融机构实现健康可持续发展。

▷▷▷18. 与城市金融机构相比，农村金融机构在日常运营方面存在哪些困难？

相比城市金融机构，农村金融机构在日常运营方面主要存在以下五点困难。

一是盈利增长乏力。根据金融监管总局发布的数据，截至 2024 年第三季度末，商业银行净息差为 1.53%，环比下降 0.01 个百分点。其中，农村金融机构（如农村商业银行）的净息差为 1.72%，虽然略高于行业整体水平，但远低于民营银行的净息差（4.13%），且其与自身历史水平相比，也呈现收窄趋势。净息差的收窄直接影响了农村金融机构的盈利能力。

二是经营风险较高。农村金融机构的主要服务对象为中小微企业、个体工商户和农户等，这些客户群体抗风险能力较弱，经营状况波动较大，导致农村金融机构的不良贷款率相对较高。2024 年第三季度，国有大型银行和股份制银行的不良贷款率均为 1.25%，城市商业银行、民营银行和外资银行的不良贷款率分别为 1.82%、1.79% 和 1.10%，农村商业银行的不良贷款率为 3.04%，虽然农村商业银行的不良贷款率较同年第一季度的 3.34% 有明显下降，但是和城市金融机构相比，仍然有较大差距。

三是资金来源有限且市场信息不对称。 农村金融机构起步较晚，网点较少，农村居民对其的认可度较低，因此吸收资金的难度较大。同时，农村金融市场上存在严重的信息不对称问题，导致农村金融机构很难全面掌握借款人的经营管理状况和信用水平等信息。

四是金融科技基础设施建设滞后。 由于地处偏远、人口稀薄且分散，农村地区的互联网等基础设施的建立和维护成本高昂。此外，农村地区征信服务体系和支付体系建设也相对滞后，制约着农村金融机构的运营效率和服务质量的提升。

五是人才短缺与知识结构老化。 农村金融机构普遍面临人才短缺的问题，尤其是缺少计算机和法律方面的专业人才。同时，农村金融机构的员工队伍整体知识结构较为老化，学历知识水平不高，制约了农村地区金融机构的创新能力和服务水平的提升。比如，在农村信用社中，大学本科及以上学历的员工仅占少数。

▷▷▷19. *农户在做储蓄、理财或投资决策时，应该如何选择金融机构？*

农户在做储蓄、理财或投资决策时，选择合适的金融机构至关重要。以下是一些提示和建议。

一是明确需求与目标。农户需要明确自己的金融需求与目标，比如，是追求稳健的储蓄收益，还是寻求更高的理财回报，或是进行长期的投资规划（如为子女的教育做准备）。

二是考察金融机构的信誉与稳定性。其一，农户可以对相关金融机构进行信誉评估，选择有良好市场口碑和历史业绩的金融机构，查阅其机构评级、客户评价以及行业内的认可度等。其二，农户可以考量相关金融机构的稳定性，金融机构的财务状况和稳健性是重要指标，农户可以通过查看机构财务报告，了解其资本充足率、资产质量等关键指标。

三是对比金融产品和服务。其一，在选择储蓄产品时，农户应比较不同机构的储蓄利率、服务费用以及取款便利性等。例如，相比国有大型商业银行，某些农村信用社或农村商业银行可能提供更高的储蓄利率。其二，在选择理财产品时，农户应关注产品的预期收益率、风险等级、投资期限以及资金赎回条件等。同时，要警惕高收益承诺背后的潜在风险。其三，在选择投资服务时，农户需要评估金融机构的投资顾问服务、研究能力以及交易平台等。相比农村信用社或农村商业银行，一些大型商业银行或证券公司能提供更专业的投资建议和更广泛的投资选择。

四是关注安全性与合规性。农户在选择金融机构时，一方面，要确保金融机构受到相关监管部门的严格监管，并采取了充分的安全措施来保护客户的资金和信息；另一方面，要核实金融机构是否具备必要的金融许可证和执照等。

五是寻求专业咨询与推荐。如果农户对金融产品不够了解或缺乏投资经验，可以寻求专业的金融顾问或咨询机构的帮助，他们可以提供个性化的建议，帮助农户更好地选择合适的金融机构和产品。

▷▷▷20. 农户在做信贷决策时，应该如何选择金融机构？

农户在做信贷决策时，选择合适的金融机构是至关重要的。这不仅关系到农户能否顺利获得所需的资金支持，还直接影响到其农业生产、经营活动的稳定性和持续发展。农户需要谨慎而周全地考虑以下几方面因素，以确保做出明智的决策。

一是了解金融机构的类型与特点。在我国，金融机构种类繁多，包括商业银行、农村信用社、政策性银行以及保险公司等。这些机构各有千秋，其提供的信贷产品和服务也各具特色。例如，商业银行通常具有较强的资金实力和广泛的服务网络，能够提供多样化的信贷产品；而农村信用社则更加贴近农村实际，对农户的需求有更深入的了解。因此，农户在选择金融机构时，应根据自己的实际需求和经营特点，挑选能够提供最适合自己的信贷服务的金融机构。

二是考察金融机构的信誉和稳定性。农户可以通过查阅相关资料、咨询业内人士或向其他农户了解等方式，对金融机构的历史背景、经营状况、市场口碑等进行全面了解。一个信誉良好、经营稳定的金融机构，不仅能够为农户提供持续、可靠的信贷服务，还能在风险发生时为农户提供更多的保障。因此，农户在选择金融机构时，务必重视这一方面的考察。

三是比较金融机构的信贷产品和服务。比较金融机构的信贷产品和服务包括比较不同金融机构的贷款期限、利率水平、还款方式以及可能的附加条件等。农户应根据自己的还款能力和经营计划，选择最合适的信贷产品。同时，农户还应关注金融机构的服务质量，包括其员工的服务态度、专业水平以及办事效率等，这些因素都会直接影响到农户在办理信贷业务过程中的体验和感受。

四是关注金融机构的监管和合规情况。一个受到严格监管并遵守法律法规的金融机构，更能保证信贷业务的合规性和安全性。农户可以通过查询相关监管机构的官方网站或咨询当地金融监管部门，了解金融机构的监管评级、合规记录等信息，以确保自己的选择符合法律法规的要求。

五是参考其他农户的经验和评价。身边的其他农户可能已经有过与不同金融机构合作的经历，他们的经验和评价对于正在做出选择的农户来说具有宝贵的参考价值。农户可以通过社交媒体、农业合作社或当地社区等渠道，与其他农户进行交流和分享，以便更全面地了解金融机构的实际服务情况和可能存在的问题。

▷▷▷21. 农户在做储蓄、理财或投资决策时，应该如何识别金融
诈骗？

农户在做储蓄、理财或投资决策时，识别金融诈骗至关重要。以下是一些提示和建议。

一是了解金融诈骗的定义和特点。金融诈骗是指以非法占有为目的，采用虚构事实或者隐瞒真相的方法，骗取公私财物或者金融机构信用的行为。其特点包括犯罪主体技术性强、隐蔽性强、取证难、犯罪成本低但收益高以及不受地区限制等。

二是核实信息来源和确认机构资质。在做出任何金融决策之前，农户务必核实提供金融产品或服务的机构的资质，查看其是否具备相关金融监管机构颁发的许可证或执照，并确认其业务范围和经营状态。对于通过电话、短信、网络等渠道收到的金融推荐或邀请，农户应谨慎对待。

三是警惕高额回报承诺和保密要求。金融诈骗往往以高额回报为诱饵。正常的金融投资往往伴随一定风险，农户应警惕那些承诺"高收益、无风险"的金融产品或服务。此外，诈骗分子可能会要求农户保密，不与其他人分享相关信息。然而，在金融交易中，透明度和信息共享是至关重要的。因此，农户应保持警惕，避免被诈骗分子利用这种心理进行欺诈。

四是保护个人信息和资金安全。农户应妥善保护自己的个人信息，

如身份证号、银行账户等，避免泄露给不熟悉的人或机构。这些信息一旦被诈骗分子获取，可能会被用于不法活动。因此，在进行金融交易时，农户应确保使用安全的支付方式，并定期检查账户变动情况，及时发现并处理异常情况。

五是寻求专业咨询和帮助。 如果农户对金融产品或服务有任何疑虑，或者不了解相关风险，强烈建议寻求专业人士的咨询和帮助。金融顾问或理财专家可以提供专业的建议和分析，帮助农户更好地了解市场动态和风险，从而做出更明智的投资决策。

▷▷▷22. 农户在做信贷决策时，应该如何识别金融诈骗？

农户在做信贷决策时，有效地识别金融诈骗是非常重要的。以下是一些提示和建议。

一是了解信贷的基本常识与常见的诈骗手法。 信贷是金融领域的一种常见业务，但同时也是诈骗分子常常利用的手段。农户在申请信贷之前，应该通过正规渠道了解信贷的基本常识，包括信贷的流程、申请条件、利率范围、还款方式等。同时，农户还需要知晓一些常见的信贷诈骗手法，例如，虚构贷款条件、隐瞒真实利率或额外费用、冒充正规贷款机构等。只有了解了这些基本常识和诈骗手法，农户才能在遇到类似情况时保持警惕，避免上当受骗。

二是核实贷款机构的资质与信誉。 在选择贷款机构时，农户应该认真核实其资质和信誉。首先，可以通过查看贷款机构是否具备相关金融监管部门颁发的合法牌照和经营许可证来判断其合法性。其次，可以通过网络搜索、咨询当地金融监管机构或业内人士等方式了解该机构的信誉和服务质量。如果发现有负面评价或投诉，农户应该谨慎选择。最后，还可以注意一些细节，比如，贷款机构的名称、地址、联系方式等是否真实可靠，是否有正规的办公场所和工作人员等。

三是警惕异常优惠与高额回报承诺。合法的贷款机构通常会明确列出所有费用，并且费用水平合理。而许多金融诈骗分子会利用农户对高收益的渴望，承诺提供异常优惠的贷款利率或高额回报。然而，这些看似诱人的条件背后往往隐藏着巨大的风险。农户在遇到这种情况时，应该保持清醒的头脑，不要被表面的优惠所迷惑。农户可以通过多方比较不同贷款机构的条件和利率，了解市场行情和正常范围，从而判断这些优惠是否真实可信。同时，农户还需要注意是否有隐藏或过高的额外费用，如管理费、手续费等。

四是保护个人信息与资金安全。在申请信贷的过程中，农户需要提供一些个人信息，如身份证号、银行账户等，这些信息一旦泄露给不法分子，很可能会被用于进行诈骗活动。合法的贷款机构通常不会在放款前收取费用，而是以贷款发放后的还款为主要收入来源。如果贷款机构要求提前支付费用，农户应该高度警惕，避免陷入诈骗陷阱。因此，农户在提供个人信息之前，一定要确保贷款机构的合法性，避免将敏感信息泄露给来源不明的机构或个人。同时，农户还需注意保护自己的资金安全，在接收贷款之前，不要向贷款机构支付任何费用。

五是仔细阅读并理解合同条款。在签订贷款合同之前，农户务必仔细阅读合同条款，并确保理解其中的所有内容，特别是关于利率、还款期限、违约责任等重要条款，需要格外注意。如果对合同条款有任何疑问，应该及时向贷款机构咨询或寻求专业人士如法律顾问等的帮助，以确保自己的权益得到充分保障。

第二章　农村信用合作社
与农村商业银行

第一节　合作社概况

▷▷▷23. <u>合作社与公司有什么区别？</u>

合作社是劳动群众自愿联合起来进行合作生产、合作经营所建立的一种合作组织形式。它是农民群众自愿结成的、以社员财产关系为纽带的利益共同体，通常由一个或多个成员组成，以农业生产经营为目的。合作社实行民主管理、民主监督，具有独立的法律地位。合作社的目的在于：发展农村集体经济，满足国家、集体和农民需求；与其他社会组织进行合作，共同致力于社会主义现代化建设；为农民群众提供更多收益，服务农民群众，实现共同富裕。合作社与公司的区别主要体现在以下方面。

从组织性质与目的看，合作社是人合组织，强调成员之间的平等关系和民主管理，以服务成员和实现共同富裕为目的。公司是资合组织，以资本的联合为基础，目的是追求商业利润最大化，股东按照资本比重决定话语权。

从成员关系与责任承担看，合作社成员之间实行民主决策，一人一票，成员仅以其出资额为限承担有限责任。公司的股东以其出资额为限承担有限责任，不会牵涉到股东个人及其家庭资产。

从利润分配看，在农民专业合作社中，可分配盈余主要按照成员与本社的交易量（额）的比例返还。这种返还方式的总额通常不得低于可分配盈余的60%。返还后的剩余部分则根据成员账户中记载的出资额、公积金份额以及国家财政补助和他人捐赠形成的财产平均量化到成员的份额进行按比例分配。公司的利润则按照股东的出资比例进行分配。

▷▷▷24. 合作社在农村广泛分布，其背后的经济学原理是什么？

合作社在农村广泛分布，其背后的经济学原理主要是规模经济。这一原理在多个层面都得到了体现，不仅体现在传统的农业生产中，也在现代市场经济条件下显现出其重要性。林毅夫在《解读中国经济》一书中深入剖析了农村规模经济的来源，为我们理解合作社的经济学基础提供了有力的理论支撑。

从农业生产的角度来看，规模经济体现在抢收抢种等关键时节的劳动力合作上。在农业生产中，时间往往是非常关键的因素。特别是在抢收抢种的时候，每一刻的延误都可能导致农作物的减产或质量的下降。在这种情况下，多人合作往往比一个人单干能够更加高效地完成工作。通过合作社的形式，农户们可以集中劳动力，共同完成抢收抢种等任务，从而确保农作物的及时收割和种植，提高农业生产效率。

从基础设施的角度来看，修建水库、灌渠等公共基础设施是农业生产中不可或缺的一环。然而，这些设施的建设往往需要大量的资金和劳动力投入，单个农户往往难以承担。通过合作社的形式，农户们可以将力量整合在一起，共同筹集资金和劳动力，完成公共基础设施的建设。这不仅降低了每个农户的成本，还提高了整个农村地区的农业生产能力。

从生产要素的角度来看，其不可分割性也是规模经济的重要来源。例如，耕牛等牲畜在农业生产中扮演着重要的角色。然而，如果生产规模太小，这些要素的利用率就会很低，造成一定的浪费。通过合作社的形式，几家农户可以共同拥有耕牛等牲畜，从而提高生产要素的利用率，降低每户的成本。值得一提的是，在农村地区，土地资源的有限性也是推动合作社发展的重要因素之一。单家农户的土地面积往往较小，农业生产的规模有限。而通过合作社的形式，几家相邻的农户可以将土地整合在一起，进行统一的管理和种植。这不仅节省了田埂等占用的土地资源，还有利于实现农业的标准化生产和品牌化经营。

从现代市场经济的角度来看，合作社也是农户们应对市场竞争的重要手段。在市场经济条件下，农户们面临着来自国内外市场的激烈竞争。单个农户由于规模较小、分散经营，往往难以实现标准化生产、品牌化经营和批量化供应，其市场议价能力也较弱。而通过合作社的形式，农户们可以联合起来，共同应对市场竞争。比如，他们可以统一采购生产资料、统一销售农产品，从而降低采购成本和销售风险；他们还可以共同打造农产品品牌，提高产品的知名度和附加值；更重要的是，他们可以通过合作社的平台获取更多的市场信息和资源支持，为农业生产提供更有力的保障。

▷▷▷25. 农民专业合作社与村股份经济合作社有何不同？

农民专业合作社与村股份经济合作社有诸多相似点，如均具有独立的市场主体地位和法人资格，都设有成员大会或者成员代表大会，等等。但这两者也有很大不同，主要体现为以下几点。

一是组织登记认定机构不同。农民专业合作社在市场监管部门登记，而股份经济合作社在农业农村部门登记。

二是性质功能不同。农民专业合作社是自愿联合、民主管理的互助性经济组织，其职能是以规模化方式进入市场，谋求全体成员的共同利益。股份经济合作社则是以土地集体所有为基础，依法代表集体成员行使所有权，实行以家庭承包经营为基础、统分结合双层经营体制的地区性经济组织；其职能是管理集体资产、开发集体资源、发展集体经济、服务集体成员。

三是成员身份界定不同。农民专业合作社的成员是从事农业生产、具有民事行为能力的公民，以及从事与农民专业合作社业务直接有关的生产经营活动的企业、社会团体等。成员资格属于开放型，入社自愿、退社自由，一人可以加入一个或者多个合作社。而村股份经济合作社成员的身份要求则比较严格，必须具有本村、本组户口且对集体积累有贡献，按照"尊重历史、兼顾现实、程序规范、群众认可"的农村集体产权制度改革政策规定的程序确认。一个人只能成为一个村股份经济合作社的成员，不能"两头占或者多头占"，可以自愿退出。

四是财产关系及债务承担责任不同。农民专业合作社对由成员出资、公积金、国家财政直接补助、他人捐赠，以及合法取得的其他资产等所形成的财产，均享有占有、使用和处分的权利，并以上述财产对债务承担责任；合作社成员以其出资额和公积金份额为限对合作社承担责任；合作社股份可以继承、买卖，亦可以分立、合并、解散、破产。而村股份经济合作社财产所有权归全体成员，以集体土地等资源性资产所有权以外的集体经营性资产对债务承担责任；成员退出股份不得突破本集体经济组织的范围；成员股份可以继承，以及和家庭成员共享，但不能破产，原则上也不允许合并或解散。

五是年终分红方式及依据不同。农民专业合作社盈余主要按照成员与合作社的交易量（额）的比例返还，若再有剩余，按盈余分配制度可以再次按出资额、公积金份额进行二次返还。而股份经济合作社年终可分配盈余则是按照股份多少进行分配，剩余部分结转下个年度，与下个年度盈余共同分配。

六是民主管理表决权不同。农民专业合作社成员大会或者成员代表大会实行的是一人一票制，出资额或者与本社交易量（额）较大的成员依章程规定可以享有附加表决权。股份经济合作社成员大会也实行一人一票制，但没有附加表决票。

▷▷▷26. "村社合一"有哪些关键要素?

"村社合一"是一种在村党组织领导下的合作社组织形式。具体而言,它指的是以行政村为单位,在村党组织的领导下,成立股份经济合作社,将村内农户和生产资料组织起来,形成村党组织领导、群众共同持股、共同决策、共同管理的农村集体经济组织。这种组织形式是我国农村基层经济组织变革的一种创新模式,旨在推动农村集体产权制度改革,深化农村土地制度改革,并以此变革农村生产关系,促进乡村振兴。以下是"村社合一"的几个关键要素。

从组织架构看,在村党组织的领导下,股份经济合作社作为主要的经济组织形式存在。其管理层人员往往由现任的村"两委"班子成员出任,实现管理层的高度合一,确保在村党组织的统一领导下有序运行。

从成员构成看,合作社成员主要为村集体中的农民,他们通过土地经营权量化入股等方式成为合作社的社员(股东)。

从运营模式看,合作社以经营性资产作为集体股发起,并吸收农户社员及其他合法主体的出资参与设立。合作社的日常经营管理由村党组织提名的成员负责,实行重大事项向村党组织报告的制度。合作社不仅是一个经济组织,还在党的领导下开展工作,受党章党规制约,受上级党组织的领导。

从目标意义看,"村社合一"有利于提升基层党组织的组织力,实现党的领导和依法办事的有机结合。它有助于推动农村集体产权制度改革和农村土地制度改革，并赋予农民更加充分的财产权益。通过形成适应农村发展适度规模化经营的社会生产关系，"村社合一"能够推动农村基层治理体系和治理能力的现代化。

▷▷▷27. "村社合一"如何带动农民增收？

"村社合一"作为一种创新的农村经济组织形式，近年来在我国农村地区得到了广泛的推广和实践。这种模式将村级集体经济组织与农民专业合作社进行有机融合，形成了一种新的经济发展合力，对于带动农民增收、推动农村经济发展具有重要意义。"村社合一"通过以下几种方式带动农民增收。

一是整合农村资源，提高资源利用效率。在传统的农村经济模式下，农村居民往往各自为战，土地、劳动力、资金等资源较为分散，难以形成规模效应。而"村社合一"则能够将这些资源进行有效整合，通过统一的管理和运营，实现资源的优化配置。例如，在土地利用方面，"村社合一"可以推动土地流转，将零散的土地集中起来进行规模化种植，这样不仅可以降低生产成本，提高农产品的产量和质量，还能够增加农民的土地流转收入。在劳动力方面，"村社合一"可以组织农村居民进行集体劳动，提高劳动效率，同时也可以通过开展技能培训，提升农村居民的劳动技能，使他们在农业生产中获得更高的收益。

二是发展特色产业，打造地方特色品牌。每个地区都有其独特的自然条件和资源优势,通过"村社合一",村集体可以更加精准地把握这些优势,引导农民发展具有地方特色的产业。例如,在一些气候适宜、土壤肥沃的地区,村集体可以大力发展特色水果种植,通过科学的管理和市场营销,打造出具有地方特色的农产品品牌,提高农产品的附加值和市场竞争力。同时,村集体也可以结合当地的自然风光和民俗文化,发展乡村旅游产业,吸引游客前来观光旅游,从而带动农民的增收。以贵州省罗甸县凤亭乡为例,该乡通过"村社合一"的形式推广种植百香果,不仅增加了农民的收入,还打造出了地方特色品牌,为乡村经济的发展注入了新的活力。

三是提供技术指导,提升农民生产能力。农业生产需要科学的指导和技术支持,而"村社合一"则为农民提供了这一平台。通过组织农民参加农业技术指导和培训活动,村集体可以帮助他们掌握先进的农业生产技术和管理经验,提高农业生产效益。同时,村集体也可以邀请农业专家进行现场指导,解决农民在生产过程中遇到的问题,帮助他们更好地适应市场需求,提升农产品的产量和质量。

四是拓宽销售渠道,降低销售成本。农产品销售是农民增收的重要环节,而"村社合一"则可以通过建立统一的销售平台或合作渠道,帮助农民拓宽销售渠道。例如,村集体可以建立电商平台或线下销售网点,将农产品直接销售给消费者或批发商,降低中间环节的成本,提高农产品的销售价格。同时,村集体也可以通过与大型超市、餐饮企业等建立稳定的合作关系,确保农产品的销路畅通,为农民增收提供有力保障。

五是组织抵御风险，保障农民收益稳定。农业生产面临着诸多风险，如自然灾害、市场波动等，这些风险往往给农民带来巨大的经济损失。而"村社合一"则能够通过集体的力量组织农民共同抵御这些风险。例如，村集体可以建立风险共担机制，当发生自然灾害时由集体承担部分损失；同时村集体也可以加强市场信息的收集和分析工作，提前预测市场走势，并采取相应的应对措施以降低市场风险对农民的影响。这些措施可以有效地保障农民的生产效益和收入稳定。

第二节　农村信用合作社

▷▷▷28. 农村信用合作社成立的历史背景是什么？

农村信用合作社在全国范围内的普及，源自新中国成立初期的农业合作化运动（1954—1956 年）。农业合作化运动包含三个方面：一是发展生产合作社，改变生产关系，增加农业产量；二是发展供销合作社，使农民摆脱商品交换过程中的中间商剥削；三是广泛发展信用合作社，满足贫困农民在生产和生活方面的资金需要，使其摆脱高利贷剥削。农业合作化运动深刻体现了生产关系必须适应生产力发展水平的马克思主义政治经济学原理，通过合作化，农民得以组织起来，从而克服了个体小农经济的局限性，提高了农业生产的社会化水平。1955 年，中国人民银行发布《农村信用合作社章程（草案）》，对信用合作社的性质和任务、入社对象和条件、社员权利和义务、财务处理，以及信用合作社与银行的关系等进一步作了详细规定。

农业合作化运动时期，农村金融工作的主要任务体现在以下四个方面：一是农业信贷工作服务于以互助合作为中心的农业增产运动，其积极扶持农业和手工业互助合作化的发展，帮助贫困农民解决生产资金周转困难的问题，并逐步引导其走上合作化的道路；二是大力推进农村信用合作发展，集中农村闲散资金支持农业合作化，用新的社会主义信贷制度逐步替代旧的资本主义借贷制度，帮助贫困农民摆脱高利贷剥削，并助力国家的经济建设；三是逐步有计划地组织农村货币的投放与回笼，调剂农村市场的货币流通，以配合国家统购统销政策，稳定金融物价，帮助农民合理安排资金；四是通过信贷活动，对农业生产和农产品的销售施以影响，保障农业按国家整体计划的步调向前发展。

▷▷▷29. 农信社存在的必要性和意义是什么？

农村信用合作社简称农信社，其存在的必要性主要有以下三点。

一是满足农民的金融需求。长期以来，农村地区面临着金融服务匮乏的问题，而农信社正是为了解决这一问题而设立的。农民在生产生活中常常需要金融服务来支持其农业生产和家庭经济发展。农信社通过提供专业化的金融服务，如贷款、存款、支付等，全面满足了农民在金融方面的多样化需求。这种专业化的服务不仅为农民提供了便捷的金融渠道，还有助于推动农村经济的持续发展。

二是降低金融服务成本。相比其他大型金融机构，农信社由于其地域性和专业性，能够以较低的成本向农民提供服务。这不仅减轻了农民的负担，还使得金融服务更加贴近农民的实际需求。在金融服务日益商业化的今天，农信社的这种低成本服务显得尤为重要。

三是维持紧密的客户关系。紧密的客户关系基于对农村经济特点和农民需求的深入了解。通过与农民的深入交流和合作，农信社能够更准确地把握农民的需求，从而提供更贴合实际的服务。这种紧密的关系不仅有助于提升服务质量，还增强了农民对农信社的信任和依赖。

农信社存在的意义主要有以下四点。

一是促进农村经济发展。通过为农民提供金融支持，农村信用社帮助农民扩大了生产规模，提高了收入水平。这对于推动农村经济的整体发展具有重要意义。在广大农村地区，农民往往缺乏足够的资金支持来发展生产，而农信社的贷款服务正好填补了这一空白。有了资金的支持，农民可以购买更多的农资、扩大种植面积、提高农业生产效率，从而增加收入。

二是增加金融包容性。在广大农村地区，许多农民由于地理位置偏远、信息闭塞等，难以享受到便捷的金融服务。而农信社的服务覆盖广泛，能够让更多农民享受到便捷的金融服务，从而增强金融服务的包容性。

三是保障农民金融权益。农信社的成立和运行，有助于规范农村金融市场，防止农民受到不公平的金融待遇。在过去，一些不法分子利用农民对金融知识的匮乏，进行欺诈活动。而农信社的介入，为农民提供了一个正规、安全的金融渠道，保障了农民的金融权益。

四是强化社会组织能力和合作精神。农信社通过组织村民成立合作社等方式，不仅为农民提供了经济上的支持，还促进了农民之间的交流和合作，有利于农村社会的稳定和发展。

▷▷▷30. 农信社在法人治理方面存在哪些问题？

农信社在法人治理方面存在以下主要问题。

一是股权结构失衡。在当前农信社（农商行）的股权结构中，法人股较少，而自然人股较多。这种股权比例失衡的状况对农信社的法人治理结构的完善造成了不利影响。具体来说，监管部门规定法人股比例应达到20%以上，但实际上这一比例在短期内很难达到这一要求。在自然人股中，主管人员和内部职工股比重较大，而外部职工股比重较小，这进一步加剧了股权结构的不合理性。

二是战略投资者缺乏。由于预期投资回报率相对较低，农信社往往难以吸引到具有实力和经验的战略投资者。这不仅限制了农信社的资金来源，也阻碍了其法人治理结构的优化和完善。战略投资者的缺失意味着农信社在资金、技术、管理等方面可能缺乏足够的支持。这将限制农信社的业务拓展和创新能力，进而影响其市场竞争力。同时，没有战略投资者的参与，农信社的法人治理结构也难以得到有效的外部监督和制衡。

三是"三会"制度尚未完善。这里的"三会"制度是指定期召开社员代表大会、理事会和监事会的制度。尽管各地农信社基本建立了"三会"制度，但在实际运作中，这些制度的权力制衡和决策效率仍有待提升。社员代表大会作为最高权力机构，其决策效率和代表性需要进一步提高；理事会作为执行机构，其决策透明度和科学性有待加强；而监事会作为监督机构，其独立性和有效性也需要得到更好的保障。"三会"制度的不完善可能导致农信社在决策过程中缺乏科学性和透明度，进而引发内部人控制、利益输送等问题。这不仅损害了农信社的形象和信誉，也不利于其长期稳健发展。

▷▷▷31. 全国各省于 2022 年开启的新一轮农信社改革，呈现出哪些趋势？

各省农村信用社联合社（以下简称省联社）改革的潜在方向主要包括以下四种：一是成立统一法人的省级农商银行；二是改制为金融控股公司；三是组建省农商联合银行；四是改制为金融服务公司。从 2022 年浙江省首开农商联合银行模式的先河，到 2023 年辽宁省首创全省农商行统一法人模式，新一轮农信社改革的大幕已全面拉开。截至目前，新一轮农信社改革按照"一省一策"指导原则推进，已有浙江、山西、河南、四川、辽宁、广西、海南 7 家省（自治区）联社完成改制。其中，辽宁、海南选择组建省级农商银行，其余 5 个省份选择组建省级农商联合银行。从以上地区的实践来看，省联社改革的模式可谓百花齐放。省联社改革的关键在于理顺改革架构，厘清省联社与辖区内农村金融机构之间的关系，提高农信系统的风险化解和防控能力，推动省联社成为一个产权清晰、权责明确、政企独立、治理规范的现代金融机构，逐渐淡化省联社的行政管理色彩，使其成为自担风险、自负盈亏、自我约束的现代金融企业和法人经营实体。全国各省于 2022 年开启的新一轮农信社改革，是在我国金融市场不断深化和农村经济持续发展的背景下进行的。这一轮改革呈现出多种趋势，不仅反映了各地农信社发展的实际需求，也体现了我国金融改革的整体方向。

改革模式的多样化是新一轮农信社改革的显著特点。过去，农信社往往采取较为单一的经营和管理模式，难以充分满足不同地区、不同层次的金融需求。而在新一轮改革中，各省联社根据自身的实际情况和发展需要，选择了不同的改革路径。这种多样化的改革模式不仅有助于更好地适应各地农信系统的特点和需求，还能够促进金融服务的创新和升级。具体来说，其一，成立统一法人的省级农商银行可以整合资源，提高经营效率，更好地服务大型农业企业和跨区域经营项目。其二，改制为金融控股公司则有助于实现金融业务的多元化发展，提高风险抵御能力。其三，组建省农商联合银行可以保持农信社的独立性，同时加强省联社对下辖机构的协调和管理。其四，改制为金融服务公司则更加注重提供全方位的金融服务，满足农村地区多样化的金融需求。

强调法人治理和现代金融企业的建设是新一轮农信社改革的重点之一。这意味着在改革过程中，省联社需要逐渐淡化行政管理色彩，强化法人治理结构，提高自身的市场化运作能力。省联社通过建立完善的董事会、监事会等治理机构，引入市场化的人才激励机制，推动自身向现代金融企业转型。这种转型不仅有助于提高农信社的管理水平和运营效率，还能够增强其风险防范和化解能力，确保农信系统的稳健运行。

风险防控和化解是新一轮农信社改革的重要关注点。农信社作为服务"三农"和小微企业的重要金融机构，面临着信贷风险、市场风险等多重挑战。因此，在改革中，各省联社都加强了风险管理体系的建设，提高了风险管理水平。通过完善风险评估机制、加强风险监测和预警、优化风险处置流程等措施，各省联社确保农信社能够及时识别和化解风险，保障金融安全。

数字化转型是新一轮农信社改革的重要趋势。随着金融科技的飞速发展，数字化转型已成为金融机构提升竞争力、实现可持续发展的必由之路。在这一轮改革中，各省联社积极推动农信社的数字化转型，通过引入大数据、云计算、人工智能等先进技术，优化业务流程、提升服务质量、拓展业务领域。数字化转型不仅提高了农信社的运营效率和客户满意度，还为其开拓了新的市场空间、创造了新的发展机遇。

▷▷▷32. 当前各省农村信用社联合社改革具有怎样的现实紧迫性？

由于各省（区、市）的经济结构、市场环境、金融生态以及农信系统的风险状况各不相同，且不同区域的基层农信机构的发展水平和特点、面临的困难挑战等也存在较大差异，省联社改革宜采取"一省一策"的方式，因地制宜、循序渐进地进行改革。这种改革的紧迫性不仅源于金融市场化和现代化发展的需要，还与化解金融风险、维护金融稳定以及提升服务"三农"和小微企业能力的需要密切相关。

一是适应金融市场化和现代化发展的需要。 随着我国金融市场的日益开放和竞争的加剧，金融机构必须不断适应市场变化，提高自身的创新能力和服务水平。省联社作为农村金融体系的重要组成部分，其传统的经营模式和管理体制已难以适应现代金融市场的发展需求。因此，省联社改革势在必行，必须加快推进改革步伐，实现由传统金融向现代金融的转型升级。只有通过改革，省联社才能更好地融入现代金融市场，与其他金融机构展开公平竞争，为农村经济发展提供更加优质、高效的金融服务。

二是化解金融风险和维护金融稳定的需要。 近年来，一些农信社在经营过程中出现了严重的风险问题，如不良贷款率攀升、资本充足率下降等，对金融稳定构成了严重威胁。这些问题暴露出省联社在风险管理和内部控制方面存在的不足。因此，省联社改革具有紧迫性，必须建立健全风险管理体系，加强内部控制和合规管理，提高风险防范和化解能力。只有通过改革，省联社才能有效应对各种金融风险挑战，确保农信系统的稳健运行，维护金融市场的整体稳定。

三是提升服务"三农"和小微企业能力的需要。 "三农"和小微企业是我国经济发展的薄弱环节，也是金融服务的重要领域。然而，长期以来，省联社在服务"三农"和小微企业方面存在诸多问题和不足，如服务手段单一、产品创新不足、服务效率低下等，这些问题制约了省联社在服务"三农"和小微企业方面的发展潜力。因此，省联社改革具有紧迫性，必须创新服务模式，拓展服务领域，提高服务效率和质量。只有通过改革，省联社才能更好地满足"三农"和小微企业的多样化金融需求，推动农村经济的持续健康发展。

第三节　农村商业银行

▷▷▷33. 什么是农村商业银行？

农村商业银行是服务于农村地区、以股份制形式存在的地方性金融机构，它们在推动农村经济发展和满足农村居民金融需求方面发挥着重要作用。农村商业银行的特点可以归纳为以下方面。

从所有制结构看，农村商业银行是由辖内农民、农村工商户、企业法人和其他经济组织共同入股组成的股份制金融机构。这种多元化的所有制结构，使得农村商业银行在运营过程中能够充分吸纳各方意见，形成更为科学、民主的决策机制。同时，它也赋予了农村商业银行一定的地域性和社区性特征，使得这些银行能够更加贴近农村实际，并深入了解农村居民和企业的金融需求，从而提供更加精准、高效的金融服务。

从服务定位看，农村商业银行主要服务于农村地区，致力于支持

"三农"（农业、农村、农民）发展。农村商业银行将大部分金融资源投向了农村地区，为农业生产提供信贷支持，为农村基础设施建设提供资金保障，为农民创业创新提供金融助力，满足农村居民和企业的金融需求，是推动农村经济发展的重要力量。

从经营特点看，农村商业银行展现出了极大的灵活性、亲民性和创新性。由于规模相对较小，农村商业银行能够更快地适应市场变化，灵活调整经营策略。同时，农村商业银行注重服务质量和客户体验，始终坚持"以客户为中心"的服务理念，为农村居民和企业提供便捷、高效的金融服务。此外，为了在激烈的市场竞争中脱颖而出，农村商业银行还不断创新产品和服务，以满足客户多样化的金融需求。这些创新举措不仅提升了农村商业银行的市场竞争力，也为其赢得了广大客户的信赖和好评。

从历史背景看，近年来，农村信用社、农村合作银行正在全面改制为农村商业银行，这一改革举措旨在优化农村金融资源配置，提高金融服务水平，为农村经济发展注入新的活力。改制后的农村商业银行在治理模式、体制机制等方面都发生了根本性变化，形成了推进深层次体制机制改革的内生动力。它们以更加市场化、专业化的运营方式，为农村地区提供更加优质、高效的金融服务，为推动农村经济发展作出积极贡献。

▷▷▷34. 农村商业银行的改革进程分为几个阶段?

农村商业银行的改革进程分为以下几个阶段。

第一阶段——"行社分家"。 1996 年国务院颁布《国务院关于农村金融体制改革的决定》(以下简称《决定》) 要求农村信用社与中国农业银行脱离行政隶属关系。在此之前,农村信用社作为中国农业银行的基层机构,其业务管理和金融监管主要由中国农业银行负责。然而,随着农村金融市场的不断发展,这种管理模式已经难以适应新的形势。因此,《决定》明确提出,农村信用社与中国农业银行要实行"行社分家",其业务管理和金融监管分别由农村信用社县联社和中国人民银行承担。这一改革举措为农村信用社的独立自主经营奠定了基础,也为其后续的改革发展创造了条件。

第二阶段——深化改革。 进入 21 世纪,农村金融改革进一步深化。2003 年,国务院印发了《深化农村信用社改革试点方案》,这一方案标志着农村信用社改革进入了新的阶段。方案要求以县(市)以上农村信用社和农村信用社县(市)联社为基础,组建农村商业银行。这一改革举措的目的是通过引入市场化机制,增强农村信用社的经营活力和风险防控能力。随后,浙江、山东、江西、贵州、吉林、重庆、陕西和江苏八个省(市)被确定为新一轮农信社改革的试点地区,各项改革工作在这些地区逐步展开。自此,大部分农信社开始转型为农村商业银行,这一转型过程不仅提升了农信社的整体形象,也为其业务拓展和金融服务创新提供了更广阔的空间。

第三阶段——去合作制。随着农村金融市场的不断发展，合作制金融机构的局限性逐渐显现。为了适应市场变化，提升金融机构的竞争力，2010 年原银监会发布了《关于加快推进农村合作金融机构股权改造的指导意见》（以下简称《指导意见》）。该《指导意见》明确指出，今后不再组建农村合作银行，符合农村商业银行准入条件的农村信用联社和农村合作银行，应直接改制为农村商业银行。这一改革举措旨在推动农村合作金融机构向更加市场化、专业化的方向发展，提升其服务农村经济的能力。

第四阶段——农村商业银行。在经过前三个阶段的改革后，农村商业银行逐渐成为农村金融市场的主导力量。为了进一步推动农村商业银行的发展，2014 年银监会印发《关于鼓励和引导民间资本参与农村信用社产权改革工作的通知》（以下简称《通知》）。《通知》要求符合农村商业银行组建条件的农信社，要积极改制为农村商业银行。同时，对于农村合作银行（以下简称"农合行"），《通知》也要求其加快将资格股转换为投资股，完善产权制度，按照农村商业银行要求进行改制。这一阶段的改革进一步激发了农村商业银行的活力，推动其业务的创新和服务质量的提升。

▷▷▷35. 农村商业银行改革进程背后的逻辑是什么？

改革开放以来，为了让农村金融机构更好地服务"三农"，我国农村金融体系进行了一系列改革，其中以农村金融机构农村商业银行（简称农商行）改制为改革主线。农信社改制经历了从 1996 年的"行社分家"恢复合作制，到 2003 年"花钱买机制"的制度变革，将经营管理权限下放给地方，再到 2010 年商业化改革之后不再提及合作性，支持组建农商行的过程。2014 年原银监会发布通知要求农信社（合作制）和农合行（股份合作制）在符合条件后积极改制为农商行（股份制）。这标志着未来改革方向是完全的商业化，合作制和股份合作制最终要转向股份制，正规农村金融机构的基本形式为农商行。

首先，农信社改革的重要一环是明晰产权关系。农信社通过改革产权制度，采取股份制、股份合作制等形式，明确产权、扩大入股范围和提高入股额度。这样的改革有助于建立更加规范、透明的运营机制，并激发农信社的发展活力。

其次，农信社改革也是为了更好地服务"三农"。通过改革，农信社能够发挥贴近"三农"的优势，探索完善面向"三农"的组织架构、业务流程和金融产品，以解决农村贷款难、贷款贵和贷款不方便等问题。这体现了农信社改革在践行普惠金融理念和支持弱势群体及经济落后地区发展方面的重要作用。

最后，农信社改革还有助于防范和化解金融风险。过去，地方政府时常将农信社资金当作地方第二财政,盲目投资项目,甚至为企业逃废债务创造条件。而改革后,地方政府直接承担了农信社的盈亏责任,这促使地方政府更加重视和支持农信社的发展,出台支持政策,改善农信社的经营状况,并加大打击逃废农信社债务行为的力度。

▷▷▷36. 农村商业银行与其他商业银行有什么区别?

农村商业银行(农商行)与其他商业银行在多个方面存在显著的区别,这些区别主要体现在定位、服务领域、经营范围以及股权结构等方面。

一是农商行的定位明确且独特。作为专门为农业、农村、农民提供金融服务的机构,农商行承担着支农的重要使命。这一定位不仅体现在其名称上,更贯穿于其业务发展的始终。为了确保农商行能够切实履行这一职责,2014年银监会专门印发了《加强农村商业银行三农金融服务机制建设监管指引的通知》(以下简称《通知》)。该《通知》明确指出,"三农"金融服务机制是指包括股权结构、公司治理、发展战略、组织架构、业务发展、风险管理、人才队伍、绩效考核和监督评价在内的保障农村商业银行支持"三农"发展的系列制度安排和能力建设。这一系列的制度安排和能力建设,旨在确保农商行能够紧密围绕"三农"需求,提供全方位、高效的金融服务。

二是农商行的服务领域和经营范围具有显著的地域性特征。作为地方性银行,农商行的主要服务对象是当地的农村居民和企业。与其他商业银行可以跨区域经营不同，农商行在储蓄业务和贷款业务方面具有明显的地域性特征。这种地域性特征能够使得农商行更加深入地了解当地市场需求，提供更加贴近民生的金融服务。同时，这也有助于农商行与当地社区建立紧密的联系，形成良好的互动和合作关系。

三是农商行的股权结构也与其他商业银行有所不同。为了鼓励和引导民间资本参与农村信用社产权改革，原银监会于 2014 年印发了《关于鼓励和引导民间资本参与农村信用社产权改革工作的通知》（以下简称《通知》）。该《通知》明确支持民间资本参与农村信用社产权改革，并提出实现农村信用社股东主体涉农化、股权结构多元化、股本构成民营化的目标。这一政策导向使得农商行的股权结构更加多元化和民营化，有助于增强其市场活力和创新能力。同时，民间资本的参与也为农商行带来了更多的资金来源和业务拓展机会。

▷▷▷37. <u>农商行如何在组织结构设计上服务"三农"战略？</u>

农村商业银行（农商行）作为服务"三农"的重要金融机构，其组织结构设计对于实施"三农"战略具有至关重要的作用。根据战略管理的基本原理，农商行的组织结构应紧密围绕其业务战略进行设计，以确保战略的有效实施和业务的顺畅运作。可以从以下三个方面设计组织结构。

一是设立专门服务"三农"的部门。这些部门，如"三农"业务部、乡村振兴部等，在农商行的组织架构中占据着举足轻重的地位。它们的设立，旨在深入了解和挖掘"三农"领域的需求，针对性地开发适合农业、农村和农民的金融产品和服务。通过这些专业部门，农商行能够更好地把握市场动态，为"三农"提供量身定制的金融解决方案，从而推动农村经济的持续发展。

二是加强基层网点建设。农商行深知，要真正贴近农民，就必须将金融服务的触角延伸到农村基层。农商行通常会在农村地区进行大量网点布局，通过设立乡镇支行、普惠金融综合服务点等方式，让农民在家门口就能够享受到便捷、高效的金融服务。这些基层网点的建立，不仅提升了农商行在"三农"领域的服务能力和影响力，也为农民提供了实实在在的便利。

三是建立"三农"金融服务团队。该团队由具备农业金融知识和经验的专业人员组成，他们深入了解"三农"领域的特点和需求，能够为农民提供全方位的金融咨询和服务。通过这些专业团队的努力，农商行能够更加精准地把握"三农"市场的脉搏，为农民提供更加贴心、专业的金融服务。值得注意的是，一些先进的农商行还通过与地方政府、农业合作社等机构的紧密合作，进一步拓展了"三农"金融服务的深度和广度。比如，湖北当阳农商行自2021年以来，先后与当阳市3个街道办事处、7个乡镇签订了10份乡村振兴战略合作协议，与156个行政村建立"党建金融联盟"，签订156份"党建+整村授信"助力乡村振兴的合作协议，设立156个"金融服务站"，安排了156位"金融村官"入驻村委会，从党建、金融、文化、旅游、产业等多方面探索深度互联合作，构建了金融服务乡村振兴新格局。

▷▷▷38. 现阶段，农商行在公司治理方面存在哪些缺陷？

目前已改制的农商行在组织结构、股权管理、信息披露方面仍然存在一些问题。

一是组织架构不够健全。虽然许多农商行已经按照现代企业制度的要求，建立了包括股东大会、董事会、监事会和高级管理层在内的"三会一层"组织架构，旨在实现决策、执行和监督三者之间的有效制衡，但在实际操作中，这一架构的运作效果并不尽如人意。具体来说，很多农商行的专门委员会，如风险管理委员会、薪酬管理委员会等，虽然名义上存在，但其在实际工作中提出的专业性建议较少，且往往流于形式。这些委员会本应在各自领域发挥专业指导作用，但由于种种原因，其职能并未得到充分发挥，导致组织架构在一定程度上形同虚设。

二是股权管理存在短板。股权管理是公司治理的基础，直接关系到银行的经营稳定和发展前景。然而，目前一些农商行在股权管理方面存在明显的短板。一方面，个别股东在存续期间的社会声誉、诚信记录、纳税记录以及财务状况等方面，并不能持续符合法律法规和监管规定的要求。个别问题股东的存在，不仅可能损害银行的声誉和形象，还可能对银行的稳健经营造成潜在威胁。另一方面，一些农商行在股东资质审查方面把关不严，导致部分不符合条件的股东得以入股。这些股东一旦涉诉或营业执照处于非正常状态，将直接影响银行的股权结构稳定和经营安全。

三是信息披露不够充分。信息披露是公司治理的重要环节，也是保障利益相关者权益的重要手段。然而，目前一些农商行在信息披露方面存在明显不足。例如，部分农商行对被质押股权涉及冻结或司法拍卖等情形，未能及时进行信息披露并向属地监管部门报告。这种信息披露不充分的情况，使得利益相关方无法深入了解银行的经营实情及潜在风险，也难以对银行的日常经营实施有效监督。

▷▷▷39. 与其他商业银行相比，农商行在经营绩效方面存在
哪些不足？

农商行与其他商业银行在经营绩效层面存在不少差距，主要体现在以下几方面。

一是资产质量方面。农商银行的不良贷款率虽然在近年得到了控制，但与其他先进的商业银行相比，其不良贷款率依然偏高。这背后可能隐藏着多种原因，如违规发放贷款、贷款行业过度集中等。这些问题不仅影响了农商行的资产质量，也可能对其长期稳健经营构成威胁。

二是盈利能力方面。农商行的业务范围和客户资源较国有五大行、股份制银行甚至城市商业银行窄（少）。农商行的盈利能力较弱，主要体现在净利润增长率、手续费及佣金收入、利息净收入等关键盈利指标上。

三是资本充足方面。与其他商业银行相比，农商行的资本充足率和风险覆盖率仍然较低。这可能会影响农商银行抵御风险的能力，以及其

在市场上的竞争力。

四是客户服务方面。 在数字化时代，客户服务水平的高低直接影响着银行的市场竞争力。然而，部分农商行在大数据分析、精准营销等方面尚未较好地满足客户需求，缺乏与其他商业银行相竞争的创新手段和策略。

五是党建文化方面。 不少农商行对官网建设不重视，党建、企业文化等栏目文章寥寥可数，业务内容更新缓慢甚至停滞。部分农商行官网的"友情链接"甚至还保留着 2018 年前的"银监会"称谓和链接。这反映出不少农商行管理层对于党建、文化、品牌和科技建设等的重视程度不够。

▷▷▷40. 农商行的支农效应体现在哪些方面？

农商行的支农效应主要体现在以下五个方面。

一是提供金融服务与支持。 农商行作为农村地区的重要金融机构，为农村居民和企业提供了全方位的金融服务与支持，包括存款、贷款、汇款、理财等基础金融业务，满足了农村地区多样化的金融需求。特别是针对农业生产和发展中资金不足的问题，农商行提供了必要的信贷支持，帮助农民和农业企业解决了资金难题，推动了农业生产的顺利进行。

二是促进农业产业发展。 农商行通过提供贷款等金融服务，积极支持农民发展种植业、养殖业以及农产品加工业等农业产业。这些资金支持不仅帮助农民扩大了生产规模，提高了生产效率，还有效促进了农业产业的升级和发展。在农商行的支持下，许多农村地区逐渐形成了具有地方特色的农业产业链，提高了农产品的附加值和市场竞争力。

三是推动农村基础设施建设。 农商行在支持农村基础设施建设方面也发挥了重要作用。通过发放农田水利设施贷款、农村道路建设贷款等，农商行帮助农民改善了生产条件和生活环境。特别是农田水利设施的改善，提高了灌溉效率和农田产量，为农村地区的可持续发展奠定了坚实基础。同时，农村基础设施的完善也进一步提升了农村地区的整体发展水平，吸引了更多的人才和资源向农村流动。

四是提升金融服务覆盖率。 近年来，各地农商行纷纷加大乡镇网点的建设力度，提高金融服务覆盖率。通过优化人力资源配置、提升服务质量等措施，农商行努力将金融服务延伸到农村地区的每一个角落。这不仅方便了农村居民办理金融业务，还提高了农商行在农村地区的市场占有率。金融服务覆盖率的提升为农村地区带来了更多的发展机遇和便利条件。

五是降低融资成本与门槛。 为了减轻农业生产和发展中面临的资金压力，农商行通过创新差别化利率定价、降低担保费用等措施降低了融资成本与门槛。这些举措有效减轻了农户和新型农业经营主体的经济负担，激发了他们发展农业生产的积极性和创造力。降低融资成本与门槛不仅有助于解决农业生产和发展中的资金问题，还为农村地区的经济增长注入了新的活力。

▷▷▷41. 农商行的支农成效如何？

总的来看，农商行的支农成效显著，具体体现为以下几方面。

从信贷投放看，农商行在支农过程中，通过信贷投放为农村地区提供了大量的资金支持。以广东河源龙川农商银行为例，截至2024年2月末，该行涉农贷款余额达到60.63亿元，占各项贷款余额的73.8%。这显示出农商行在支持农业生产和发展方面投放了大量的信贷资金。

从服务覆盖看，农商行的服务覆盖面广泛，能够深入到农村地区，为农民提供便捷的金融服务。例如，甘肃武威古浪农商银行在县辖各乡镇的网点覆盖面达到100%，农村居民可以方便地前往就近的农商行网点办理存款、贷款、汇款等业务，享受到与城市居民同等的金融服务，确保了金融服务的普及和便捷性。这种广泛深入的服务覆盖，不仅提升了农村地区的金融服务水平，还促进了城乡金融的均衡发展。

从产业支持看，农商行通过提供信贷支持和其他金融服务，有效促进了农业产业的发展。这种支持不仅涉及传统的种植业和养殖业，还涵盖了农产品加工业、农副产品销售业等多个领域。在农商行的支持下，许多农村地区逐渐形成了完整的农业产业链，提高了农产品的附加值和市场竞争力。同时，农商行还积极推动农业产业的升级和转型，引导农民发展高效、环保、可持续的现代农业。这种全方位的产业支持，为农村地区的经济发展注入了新的活力。

从产品创新看，农商行在支农过程中不断创新金融产品和服务，以满足农民多样化的金融需求。例如，针对特定农业产业推出的特色信贷产品，如油茶贷、茶农贷等，有效满足了当地农民的融资需求。这些创新产品不仅提高了金融服务的便捷性，还降低了农民的融资成本。同时，农商行还积极探索金融科技的应用，利用大数据、云计算等技术提升金融服务的智能化水平。这种持续的产品创新和服务升级，为农民提供了更加优质、高效的金融服务体验。

从促农增收看，农商行的支农工作最终落脚于促进农民增收和乡村振兴。通过提供信贷支持和其他金融服务，农商行帮助农民扩大了生产规模、提高了生产效率，从而增加了农民的收入。许多农村居民在农商行的支持下，成功脱贫致富，过上了更加美好的生活。同时，农村地区的整体经济发展水平也得到了显著提升，乡村振兴战略取得了实质性进展。这种促农增收的显著效果，充分证明了农商行在支农工作中的重要作用和积极贡献。

▷▷▷42. 农商行的支农短板在哪？

农商行的支农短板主要体现在信贷投放、产品创新、客户服务以及风险管理等方面。

从信贷投放看，在某些地区，农商行对农业生产的信贷支持较为有限。由于农业生产具有周期长、风险高等特点，一些农商行可能对涉农贷款的审批较为谨慎，导致信贷投放不足。

从产品创新看，农商行在金融产品创新方面可能存在不足。在某些地区，农商行提供的金融产品主要集中于传统的存贷款业务，而缺乏针对农业生产特点定制的金融产品。例如，农商行没有推出与农业生产周期相匹配的贷款产品，或者缺乏针对农产品加工、销售等环节的金融支持，从而限制了农商行的支农效果。

从客户服务看，农商行可能面临基础客户对接的困境。例如，在一些农村地区，由于人口外流和空心化问题，农商行的基础客户数量减少，同时由于部分农商行在乡村的网点布局有限，导致客户办理业务不便。此外，部分农商行未能充分利用现代科技手段（如手机银行、网上银行等）提升服务质量，也大幅影响了客户满意度。

从风险管理看，部分农商行在风险管理方面也存在短板。以信贷风险管理为例，如果农商行的信用评估体系不完善，可能导致对信贷风险的误判。比如，在缺乏完善的农村信用体系的情况下，农商行难以准确评估借款人的信用状况，从而增加信贷风险。此外，如果农商行的风控体系不健全，一旦发生不良贷款，可能对银行造成较大的损失。

▷▷▷43. *农户该如何选择贷款产品？*

农户在选择贷款产品时，应根据自身的实际情况和需求，考虑以下几个关键因素。

一是贷款用途。贷款用途是选择贷款产品的根本出发点，农户必须清晰明确自己借款的具体目的，因为这直接决定了选择哪种类型的贷款产品。例如，如果农户是为了购买农业生产资料，那么可能需要选择期限较短、额度适中的贷款产品，以确保资金能够及时到位并投入到生产中。而如果是为了进行家庭住房的装修或扩建，那么可能需要考虑期限较长、额度较大的贷款产品，以应对相对较大的资金需求。

二是贷款额度与期限。贷款额度的大小直接关系到农户能够获得的资金支持的多少，进而影响其生产经营的规模和发展速度，农户需要根据自身的实际需求和还款能力来合理确定贷款额度。同时，贷款期限的长短也需要仔细考虑。过短的贷款期限可能会给农户带来较大的还款压力，甚至影响到其正常的生产经营活动；而过长的贷款期限则可能会增加不必要的利息支出，降低资金的使用效率，农户也需要选择一个既能够满足其资金需求，又不会给其带来过大经济负担的贷款期限。

三是贷款条件与担保方式。不同的金融机构和贷款产品往往会设置不同的贷款条件，如信用记录、还款能力、经营状况等。这些条件直接决定了农户是否能够成功获得贷款以及获得贷款的额度和利率等关键要素，农户需要充分了解并评估自己是否满足这些条件，以确保自己能够顺利获得所需的资金支持。同时，担保方式也是一个不容忽视的问题。一些金融机构可能要求农户提供抵押物或第三方担保作为贷款的前提条件，这在一定程度上增加了农户的借款难度和风险，农户需要根据自己的实际情况和可承受的风险程度来选择合适的担保方式。

四是贷款利率与费用。利率是衡量贷款成本高低的重要指标，直接影响到农户的借款成本和经济效益。农户需要对比不同金融机构和贷款产品的利率水平，选择成本较低的贷款产品，还需要注意是否存在其他隐性费用或附加条件，以避免在借款过程中产生不必要的经济负担。

五是申请流程与材料。繁琐的申请流程和复杂的材料要求不仅会增加农户的借款难度和时间成本，还可能影响到其正常的生产经营活动。农户需要选择申请流程简洁明了、材料要求合理且易于提供的贷款产品，以确保自己能够高效地完成借款过程并及时获得所需的资金支持。

第三章　农村金融监管机构
与政策性农村金融机构

第一节　中国人民银行

▷▷▷44. 货币政策和财政政策有何区别？

货币政策是指中国人民银行为实现其特定的经济目标，比如控制通货膨胀、稳定就业、促进经济增长等，而采用的各种控制和调节货币供应量和利率的方针和措施的总称。它是国家根据不同时期的经济发展情况对货币供应采取的"紧""松"或"适度"等不同的政策取向，是国家调控宏观经济的重要手段。讨论货币政策，必然会提到国家调控宏观经济的另一种手段——财政政策。财政政策是指一国政府制定的指导财政分配活动、处理各种财政分配关系的基本准则，它是客观存在的财政分配关系在国家意志上的反映。在现代市场经济条件下，财政政策同时也是国家干预经济、实现宏观经济目标的工具。

货币政策与财政政策的区别主要体现在以下几个方面。

一是实施主体不同。货币政策由中央银行执行；而财政政策则由中央政府制定，通过政府支出和税收来实施。

二是作用机理不同。财政政策如政府购买、税收等直接作用于总需求，可以迅速、直接地影响经济活动；货币政策则通过调节货币供应量和利率来间接作用于总产量和经济活动，其影响可能较为滞后且效果不那么直接。

三是执行渠道不同。财政政策主要通过政府预算、税收、政府购买和转移支付等手段来实施;而货币政策则主要通过公开市场操作、调整存款准备金率、变动贴现率等方式来调节货币市场的供求关系。

四是作用动机不同。财政政策更多地考虑如何合理分配社会资源、调节收入分配以及促进经济稳定增长等社会目标;而货币政策则更注重于维护货币稳定、控制通货膨胀以及保障金融体系稳健运行等经济、金融目标。

▷▷▷45. 什么是货币政策目标?

一般而言,货币政策目标可以归纳为以下几点。

一是稳定物价。物价稳定是货币政策的首要目标,即将一般物价水平的变动控制在一个比较小的区间内,防止物价出现急剧波动,从而保持货币购买力的稳定。这有助于维护消费者利益,促进经济的可持续发展。

二是充分就业。充分就业是指将失业率降到一个社会能够承受的水平。通过实施货币政策,刺激经济增长,创造更多的就业机会,使有能力并愿意参加工作的人能够在合理条件下找到合适的工作。

三是经济增长。经济增长是指经济在一个较长的时期内保持稳定增长,不出现大起大落或衰退。货币政策应致力于促进信贷和货币的合理发行与扩张,以支持经济增长,同时避免通货膨胀。

四是国际收支平衡。国际收支平衡是指国家对外经济往来中的收入与支出保持基本平衡。货币政策应通过调整汇率、控制资本流动等手段，努力保持国际收支的平衡，避免出现顺差或逆差过大的情况。

五是金融稳定。除了上述四个目标外，货币政策还应关注金融市场的稳定。通过实施适当的货币政策，防范金融风险，确保金融体系的稳健运行。

需要注意的是，以上目标之间可能存在一定的矛盾和冲突。比如，为了实现充分就业和经济增长，可能需要扩张信用和增加货币供应量，但这可能会带来一定程度的物价上涨；而为了稳定物价，可能需要采取收缩信用的措施，这又可能对经济增长和就业产生不利影响。因此，中国人民银行需根据具体的社会经济条件进行权衡和选择。

▷▷▷46. 货币政策中的"相机抉择"与"货币规则"是怎么回事？

最早关于货币政策与经济周期关系的处理的原则是"相机抉择"原则，即经济趋热，相应紧缩；经济趋冷，相应扩张。"相机抉择"原则同时受到货币主义学派和理性预期学派的批评。货币主义学派认为，由于干预时滞等，"相机抉择"的逆周期干预会导致周期波动的加剧；理性预期学派认为，公众对宏观干预政策的反应是"上有政策、下有对策"。两派学者都认为，"相机抉择"的货币政策是"政策无效"的，提倡采用"货币规则"代替"相机抉择"。"货币规则"是指根据经济行为的变化而对货币政策工具进行调整的一般要求，它强调政策的系统性、连续性和可预测性。其系统性是指政策制定者应建立一套系统性的反应机制，以考虑私人部门的预期行为；连续性是指政策应保持时间上的一致性，避免出现前后矛盾的情况；可预测性指的是通过设定明确的规则，使市场能够预测未来政策的走向。"货币规则"通常会设定一个或多个经济指标（通货膨胀率、经济增长率等），并根据这些指标的变化来调整货币政策工具（货币供应量、利率等）。

20世纪90年代提出并颇受发达经济体中央银行重视的泰勒规则，就是一种著名的货币规则，它认为中央银行应根据通货膨胀缺口（实际通胀率与目标通胀率之差）和产出缺口（实际GDP增长率与潜在GDP增长率之差）来调整短期名义利率。其简明表达式为：短期名义利率=长期名义利率目标值+a×（通货膨胀率-通货膨胀率目标值）+b×（实际GDP增长率-潜在GDP增长率）。其中，a和b分别刻画中央银行对通胀缺口和产出缺口的反应程度。

▷▷▷47. 货币政策中的"三大工具"包括什么？

货币政策目标通过对货币政策工具的运用实现。货币当局通常运用的三大货币政策工具包括公开市场业务、再贴现率、法定存款准备金率。

公开市场业务是指中央银行在证券市场上公开买卖各种有价证券，以此控制货币供给量及影响利率水平的行为。通过买卖有价证券，中央银行可以调节市场上的货币供应量。例如，当需要收紧银根时，中央银行会卖出证券，从而收回一部分基础货币，减少金融机构可用资金的数量；反之，当需要放松银根时，中央银行会买入证券，增加基础货币供应，直接增加金融机构可用资金的数量。

再贴现率是指中央银行向持有商业票据等支付工具的商业银行进行贴现的行为。中央银行通过调整或制定对合格票据的贴现利率来干预和影响市场利率，从而调节货币供应量。再贴现率是中央银行控制信贷规模和货币供给量的一个重要手段，提高再贴现率会提高商业银行的筹资成本，迫使其紧缩信贷，反之则会降低商业银行的筹资成本，鼓励其扩大信贷规模。

法定存款准备金率是指法律规定的商业银行等金融机构，将其所吸收的存款和发行的票据存放在中央银行的最低比率。法定存款准备金率是一国政府调节货币政策的有效方法，通过提高或降低法定存款准备金率，中央银行可以控制商业银行的信贷扩张能力，从而影响市场上的货币供应量。例如，提高存款准备金率会减少商业银行可用于贷款的资金量，进而减少市场上的货币供应。

▷▷▷48. 中国人民银行有着怎样的历史沿革？

中国人民银行（简称"人民银行"）的历史沿革，可以大致划分为创建期、计划经济体制下的国家银行时期、国家银行向中央银行过渡时期、中央银行体制逐步完善时期。

创建期（1948—1952 年）：1948 年 12 月 1 日，中国人民银行以华北银行为基础，合并北海银行、西北农民银行，在河北省石家庄市完成组建，并发行人民币，成为中华人民共和国成立后的中央银行和法定本位币。中国人民银行成立后，被赋予发行国家货币、经理国家金库、管理国家金融、稳定金融市场、支持经济恢复和国家重建的任务。

计划经济体制下的国家银行时期（1953—1978 年）：随着社会主义改造的加快，私营金融业纳入了公私合营银行轨道，形成了集中统一的金融体制。中国人民银行作为国家金融管理和货币发行的机构，既是管理金融的国家机关，又是全面经营银行业务的国家银行。在这一时期，人民银行建立了集中统一的综合信贷计划管理体制，全国的信贷资金由总行统一掌握，实行"统存统贷"的管理办法，银行信贷计划纳入国家经济计划，成为国家管理经济的重要手段。

国家银行向中央银行过渡时期（1979—1992 年）：1983 年 9 月，国务院决定由中国人民银行专门行使中央银行的职能，并具体规定了人民银行的职责。从 1984 年 1 月 1 日起，中国人民银行开始专门行使中央银行的职能，集中力量研究和实施全国金融的宏观决策，加强对信贷总量的控制和金融机构的资金调节，以保持货币稳定。

中央银行体制逐步完善时期（1993 年至今）：1993 年，中国人民银行进一步强化金融调控、金融监管和金融服务职责，划转政策性业务和商业银行业务。1995 年 3 月 18 日，全国人民代表大会通过《中华人民共和国中国人民银行法》，首次以国家立法形式确立了中国人民银行作为中央银行的地位，标志着中央银行体制走向了法制化、规范化的轨道。2003 年，中央人民政府将中国人民银行对银行、金融资产管理公司、信托投资公司及其他存款类金融机构的监管职能部分剥离给原中国银行业监督管理委员会。

▷▷▷49. 如何理解中国人民银行的性质、目标、职责和业务？

根据 2003 年修订并沿用至今的《中华人民共和国中国人民银行法》，中国人民银行作为中华人民共和国的中央银行，其性质、目标、职责和业务均彰显出其在国家金融体系中的核心地位与重要作用。首先，在国务院的领导下，中国人民银行不仅制定和执行货币政策，更致力于防范和化解金融风险，全力维护金融稳定，为国家的经济发展提供坚实的金融保障。同时，中国人民银行还积极与其他国家的中央银行开展合作与交流，共同应对全球金融挑战，推动国际金融体系的改革与发展。其次，中国人民银行的货币政策目标明确，即保持货币币值的稳定，并以此为基础促进经济增长，体现了中央银行在宏观调控中的重要性。再次，在职责方面，中国人民银行肩负着发布、履行与其职责相关的命令和规章的重任。最后，在业务方面，中国人民银行主要承担以下业务：**一是货币政策操作**，通过公开市场操作、调整存款准备金率、调整中央银行贷款利率等手段来实施货币政策。**二是外汇业务**，即管理外汇市场，维护汇率稳定，并提供外汇交易服务，促进国际贸易与投资的便利化。**三是金融市场业务**，即参与金融市场的交易活动，如买卖政府债券、金融债券等，以调节市场流动性。**四是支付清算业务**，即运行和维护支付系统，为银行及其他金融机构提供清算和结算服务。**五是金融监管与合作**，中国人民银行依法对国内金融机构进行监管，确保各金融机构合规经营，防范金融风险。

▷▷▷50. 中国人民银行如何影响农村经济、助力乡村振兴？

中国人民银行作为我国的中央银行，在支持农村经济发展和助力乡村振兴方面发挥着至关重要的作用。通过灵活运用货币政策工具，中国人民银行能够有效地引导金融机构加大对农村和农业领域的信贷投放，从而推动农村经济的持续增长和乡村振兴的全面实现。具体来说，中国人民银行主要通过以下四种方式影响农村经济，助力乡村振兴。

一是再贷款政策。中国人民银行通过再贷款政策，为农村金融机构提供低成本的资金支持。这一政策不仅增加了农村金融机构的流动性，还降低了其资金成本，从而激励这些机构将更多资金投向涉农企业、农民专业合作社以及农村基础设施建设等关键领域。这种定向的资金支持，有助于缓解农村地区融资难、融资贵的问题，为农村经济的蓬勃发展注入强劲动力。

二是再贴现政策。中国人民银行通过购买农村商业银行持有的已贴现但尚未到期的票据，实际上为这些银行提供了一种便捷的融资方式。这不仅增强了农村商业银行的资金实力，还通过设定特定的票据类型和贴现利率，引导这些银行将资金更多地投向乡村振兴相关领域。这种政策导向明确、操作灵活的方式，有效促进了农村金融资源的合理配置和高效利用。

三是存款准备金率。中国人民银行通过差别化存款准备金率等政策工具，对发展基础好、经营结构稳健、具备可持续能力的县域法人金融机构给予更优惠的待遇。这些机构主要是农村商业银行，它们在服务"三农"、支持乡村振兴方面发挥着主力军作用。通过降低这些银行的存款准备金率，中国人民银行释放了更多的资金供其用于信贷投放，从而进一步加大了对乡村振兴的支持力度。

四是与其他部门协同配合。中国人民银行在运用货币政策工具支持乡村振兴的同时，也注重与其他政策部门的协同配合。例如，中国人民银行与金融监管总局、中国证监会等部门联合发文，共同构建金融支持乡村振兴的政策体系；中国人民银行与财政部、农业农村部等部门进行沟通协调，确保货币政策与财政政策、产业政策等相互衔接、形成合力。这种跨部门的政策协同，为乡村振兴提供了全方位、多层次的支持保障。

第二节　国家金融监督管理总局

▷▷▷51. <u>中国的金融监督管理体系包含哪些组成部分？</u>

中国现行的金融监督管理体系是一个多层次、多维度的综合体系，旨在确保金融市场的稳定、透明和高效运作。该体系由以下关键组成部分构成。

一是金融监管机构。 金融监管机构包括中国人民银行、国家金融监督管理总局、中国证券监督管理委员会（证监会）。中国人民银行是中国的中央银行，在金融监督管理体系中扮演核心角色，其不仅负责货币政策的制定和执行，还承担维护金融稳定、防范和化解系统性金融风险的重要职责。国家金融监督管理总局在 2023 年取代了原中国银行保险监督管理委员会，统一负责除证券业之外的金融业监管，包括银行业、保险业等，确保金融市场的公平竞争和维护消费者权益。中国证券监督管理委员会主要负责证券期货市场的监管，包括股票、债券、基金等证券产品的发行、交易和结算，以及期货市场的监管，维护证券期货市场的秩序和稳定。

二是金融监管法律法规。 中国现行的金融监管制度体系由一系列法律法规构成，包括《中华人民共和国银行业监督管理法》《中华人民共和国中国人民银行法》《中华人民共和国商业银行法》《中华人民共和国证券法》《中华人民共和国保险法》等。这些法律法规为金融监管提供了法律基础和制度保障，确保监管机构能够依法行使监管职权。

三是金融监管体系框架。 金融监管体系框架以中国人民银行、国家金融监督管理总局、证监会等监管机构为主体，国家通过立法形式授予这些机构法定的监管权限，对金融机构进行依法监管。

四是科技监管与稽查体系。 随着金融科技的快速发展，科技监管在金融监督管理体系中的地位日益重要。金融监管机构利用大数据、人工智能等先进技术手段，对金融机构的经营行为进行实时监控和风险预警，提高监管效率和准确性。此外，稽查体系也逐步完善，金融监管机构对违法违规金融活动相关主体进行调查、取证并提出处理意见，确保金融监管的权威性和有效性。

▷▷▷52. 国家金融监督管理总局和原中国银行保险监督管理委员会是什么关系？

国家金融监督管理总局与原中国银行保险监督管理委员会（简称"银保监会"）之间的关系，是一段金融监管历史演变与职责扩展的缩影。国家金融监督管理总局在原银保监会的基础上成立，这标志着我国金融监管体系迈入了新的发展阶段，旨在更好地应对日益复杂的金融市场环境和风险挑战。

从历史沿革看， 原银保监会成立于 2018 年，是根据《深化党和国家机构改革方案》设立的，由曾经的中国银行业监督管理委员会（银监会）和中国保险监督管理委员会（保监会）合并而成，作为国务院直属事业单位，统一监督管理银行业和保险业，防范和化解金融风险，保护金融消费者的合法权益。这一举措不仅提高了监管效率，还有助于防范跨行业金融风险。然而，随着金融市场的不断创新和扩张，单一的银行业和保险业监管已难以覆盖所有金融活动，需要一个更为全面、综合的监管机构来应对这一挑战。在这一背景下，国家金融监督管理总局应运而生。它继承了原银保监会的核心职责，即对银行业和保险业的监管,并在此基础上进行了广泛扩展。这种扩展不仅体现在监管范围的扩大上,还体现在监管职能的强化和监管手段的创新上。国家金融监督管理总局将监管范围从银行业和保险业延伸至整个金融业,包括金融控股公司、金融租赁公司、信托公司等各类金融机构。这一变化使得国家金融监督管理总局能够更全面地掌握金融市场的运行状况和风险情况,从而更有效地防范和化解金融风险。

从关系继承看,国家金融监督管理总局的成立是对原银保监会职责的继承与发展。国家金融监督管理总局在原银保监会的基础上组建,不仅继承了原银保监会对银行业和保险业的监管职责,而且对这些职责进行了进一步的扩展和强化。监管范围:国家金融监督管理总局将触角延伸至了更广泛的金融领域,不再局限于银行业和保险业,而是将除证券业之外的整个金融业都纳入了其监管视野。这种扩展使得国家金融监督管理总局能够更全面地把握金融市场的动态,更有效地防范和应对金融风险。监管职能:国家金融监督管理总局也展现出了更加全面和强化的态势。它不仅继续承担机构监管的重要任务,即对金融机构的设立、运营和退出进行全程监管,还加强了对金融机构行为的监督和管理,确保其行为符合法律法规和监管要求。同时,国家金融监督管理总局还引入了功能监管、穿透式监管和持续监管等先进理念和方法,提高了监管的针对性和有效性。

▷▷▷53. 什么是省联社？

省级农村信用合作社联合社简称省联社，它是一个省级金融机构，由该省内的农村信用合作社自愿入股组成，实行民主管理。省联社是省政府管理辖内农村信用社（农商银行、农村合作银行）的职能部门，具体承担对全省农村信用社的管理、指导、协调和服务职能，同时也是具有独立企业法人资格的地方性金融机构。

在管理方面，省联社负责制定并监督执行本省农村信用社的改革与发展规划，这要求省联社必须以高瞻远瞩的战略眼光，确保农村信用社在改革进程中稳健前行，实现可持续发展。同时，省农村信用社联合社还承担着指导农村信用社完善法人治理结构、加强内控机制和经营管理的重任。在当前的金融环境下，健全的内部管理和风险控制机制是农村信用社稳健运营的关键。

在协调方面，省联社积极促进各农村信用社之间的沟通与协作。通过搭建信息共享、资源互通的平台，省联社推动各机构之间的优势互补，从而提升整个农村信用社体系的综合竞争力。这种协调作用不仅有助于提升行业内部效率，还能更好地满足农村地区日益增长的金融需求。

在服务方面，省联社始终坚持以客户为中心，致力于提供高效、便捷的金融服务。通过不断优化服务流程、提升服务质量，省农村信用社联合社努力满足农村信用社的多元化需求，为其业务拓展提供有力支持。

在社会责任方面，省联社还肩负着重要的社会责任，在追求经济效益的同时，也关注社会效益和民生福祉。通过金融扶贫、支持乡村振兴等举措，省联社积极回馈社会，为推动农村地区经济发展和社会进步贡献力量。

▷▷▷54. <u>省联社的历史由来是怎样的？</u>

省联社的历史由来可以追溯到我国农村信用社体系改革的重要时期。2003 年，国务院下发了一份具有里程碑意义的文件——《关于印发深化农村信用社改革试点方案的通知》（以下简称《通知》）。这份文件标志着我国农村信用社改革试点工作的正式启动，也奠定了省联社成立的基础。在《通知》的指导下，吉林和山东等 8 个省（市）被选为首批农信机构改革试点地区。这一改革试点的核心目标在于探索如何更好地管理和服务农村信用社，以推动其健康、稳定发展，更好地服务于"三农"和地方经济。为了实现这一目标，文件明确提出了建立省级联社或其他形式的省级管理机构，以具体承担对辖区内农信机构的管理、指导、协调和服务职能。这一时期的改革试点工作，可谓是我国农村信用社发展史上的重要篇章。在各地省级政府的领导下，各试点地区积极探索、勇于创新，逐步建立起了一套符合自身实际的省级联社管理模式。这些省级联社不仅为当地农村信用社提供了有力的管理和服务支持，还为其后续发展奠定了坚实基础。

2004 年，在总结 8 省（市）改革经验的基础上，农信机构改革试点在全国范围内全面铺开。这一时期，各地纷纷效仿试点地区的成功经验，结合自身实际，逐步建立起了各具特色的省级联社。这些省级联社在推动农村信用社改革、发展和服务"三农"方面发挥了重要作用，成为我国农村金融体系中的一支重要力量。

随着时间的推移，建立省级联社的任务逐渐接近尾声。到了2007年，海南省省级联社的正式挂牌，宣告了这一任务在全国范围内全部完成。至此，我国农村信用社体系改革取得了阶段性成果，省级联社作为这一体系中的重要组成部分，也正式走上历史舞台。

▷▷▷55. 省联社与地方农信社（农商行）是什么关系？

省农村信用社联合社（省联社）与地方农村信用社（包括农村商业银行、农村合作银行）之间的关系，是农村金融体系中非常重要的一环。这种关系不仅体现在组织结构上，还贯穿于管理、指导、服务、风控与监督等多个层面，而这些又共同构成了省联社系统的运行框架。

从组织与结构关系看，省联社作为地方农信机构的上级管理机构，承担着对地方农信社的统一管理和指导职责。地方农信机构则作为省联社的成员单位，接受其管理和指导。这确保了省联社能够有效地传达和执行相关政策、法规和业务标准，从而维护整个农村金融体系的稳定和健康发展。

从管理与指导关系看，省联社负责制定行业规范、业务标准和操作流程，并监督其成员单位严格执行。通过定期的业务检查、风险评估和审计等手段，省联社确保地方农信机构的业务运营符合相关法规和政策要求。同时，省联社还根据市场环境和行业发展趋势，为地方农信机构提供战略规划和业务指导，帮助其把握市场机遇、提升竞争力。

从服务与支持关系看，省联社为地方农信机构提供全方位的服务支持，包括但不限于资金清算、结算服务，确保地方农信机构的资金流转高效、安全；提供信息技术支持，帮助地方农信机构提升信息化水平、提高业务处理效率；提供培训与交流活动，通过组织定期的业务培训、经验分享等活动，帮助地方农信机构提升员工素质、拓宽业务视野。这些服务与支持为地方农信机构的稳健运营和业务发展提供了有力保障。

从风控与监督关系看，省联社负责监督和评估地方农信社、农村商业银行、农村合作银行的风险状况，确保其业务风险得到有效控制。在必要时，省联社会采取措施对成员单位进行风险处置和救助，以维护整个系统的稳定。以上关系共同构成了省联社系统的运行框架，确保了地方农村金融机构的稳定运营和服务"三农"的宗旨得到有效实现。

▷▷▷56. 省联社当前存在哪些问题？

省联社当前存在的问题可以归纳为以下几方面。

一是管理体制与权责关系未理顺。省联社的管理体制存在权责不明确的问题。目前的管理体制未能清晰地界定省联社与各成员单位之间的权责关系，导致在实际操作中可能出现管理混乱或效率低下的情况。

二是定位不清、功能不足。省联社的定位不够清晰，其既充当政府行政角色，又是行业管理与服务机构，这种双重角色导致其功能发挥受限。同时，省联社在服务农信机构方面的功能也存在不足，难以适应新形势下管理与服务的现实需要。

三是风险抵御能力弱。同一辖区内农信机构众多且差异大，部分机构风险抵御能力较弱，存在金融稳定隐患。此外，省联社在全省范围内配置资金时，可能会将原来县域和农村的资金用于与其他商业银行争夺大项目、大客户，从而减轻支农服务的力度，这也增加了金融风险。

四是运营管理成本高。由于客户群体数量多、分布散、规模小，省联社的运营管理成本相对较高。同时，部分省联社平台的数字化能力较弱，缺乏丰富的信息数据支撑，这也增加了运营成本。

五是人才和技术存在短板。省联社在观念、技术、人才等方面存在短板，难以适应金融科技快速发展的新形势，使得省联社在金融服务创新、风险防控等方面落后于市场需求和其他金融机构。

六是内部控制制度不完善。省联社现有的内部控制制度存在条线分割、制度不协同等问题。各类制度办法均由各部门独立起草，导致制度建设与业务发展不匹配，部分业务缺乏制度规范。

▷▷▷57. 省联社当前的改革进展如何?

省联社当前的改革进展顺利且取得了显著的成果。作为农村金融改革的关键一环，省联社改革的推进不仅关乎农村金融的稳定与发展，更对农村经济的持续增长具有深远影响。近年来，根据"一省一策"的指导原则,各省纷纷结合自身实际情况,稳步推进省联社改革。这一原则确保了改革的灵活性和针对性,使得各省能够根据自身特点和需求,选择最适合的改革路径。截至2023年,多个省份已经圆满完成了省联社的改革任务,其中包括浙江、山西、河南、四川、辽宁、广西以及海南等省(区),展现了改革的广泛性和深入性。

从改革方式来看,各省主要采取了两种模式。一种改革模式是组建省级农商联合银行,这种改革模式在保持两级法人地位基本不变的基础上,通过申请更多的业务资质和牌照,有效拓展了服务内容和提升了服务能力。浙江、山西、河南、四川以及广西等省(区)便采用了这一模式,成功组建了各自的省级农商联合银行。以四川省为例,四川省成立了四川农村商业联合银行股份有限公司,这一举措极大地提升了该省农村金融服务的水平,扩大了农村金融服务的覆盖面。另一种改革模式则是成立统一法人的省级农商银行,通过将全省农信机构合并为统一法人,进而组建省级农村商业银行。辽宁和海南两省选择了这一路径,实现了全省农信机构资源的全面整合。例如,辽宁省成功组建了辽宁农村商业银行股份有限公司,这一创新性的改革举措不仅优化了资源配置,还提高了金融服务效率。

从改革成效来看,省联社改革的成效主要体现在以下几个方面。一**是增强服务实体经济能力。**改革后的省联社能够更好地服务"三农"和小微企业,提升金融供给的能力和质量。**二是提高抗风险能力。**通过资源整合和系统建设,改革后的机构在应对各类金融风险时表现出了更强的抵御能力。例如，海南农商银行在改革后实现了资源配置效率、抗风险能力和综合金融服务能力的显著提升。**三是完善公司治理机制。**改革有助于理顺农信系统内部的公司治理机制，明确各级法人的职责权限边界，推动系统内的法人机构提升经营效率。

第四章　新型农村金融机构

第一节　新型农村金融机构兴起

▷▷▷58. 新型农村金融机构与传统金融机构有哪些不同之处？

新型农村金融机构是近年来我国金融领域涌现出的一股新生力量，其以独特的定位和服务模式，为农村地区提供更加便捷、灵活的金融服务。新型农村金融机构是在 2006 年 12 月 20 日原银监会发布相关意见后批准设立的，专门为农村居民、农业企业和农村小微企业提供金融服务，涵盖了村镇银行、贷款公司和农村资金互助社等多种形式。与传统金融机构相比，新型农村金融机构在多个维度上展现出了显著的不同，主要表现在以下几个方面。

从业务模式的角度看，新型农村金融机构具备更高的灵活性。传统金融机构往往受限于烦琐的流程和固定的产品模式，而新型农村金融机构则能够根据实际情况进行快速调整和创新。新型农村金融机构深入农村基层，与农村居民面对面交流，了解他们的真实需求和痛点，从而提供更加适合他们的金融解决方案。这种灵活的业务模式使得新型农村金融机构能够更好地满足农村市场的多样化需求。

从产品和服务设计的角度看，传统金融机构的产品和服务往往更侧重于城市市场和大型企业，而农村地区的需求则相对被忽视。新型农村金融机构针对这一空白而设立，更加注重贴近农村实际。通过结合农村地区的经济特点和产业结构，新型农村金融机构推出一系列具有针对性的金融产品和服务。这些产品和服务不仅降低了农民的融资成本，还提高了金融资源的配置效率，为农村经济的发展注入了新的活力。

从创新能力的角度看，新型农村金融机构也具备显著优势。随着科技的不断发展，金融科技已经成为推动金融行业变革的重要力量。新型农村金融机构积极拥抱这一趋势，利用移动互联网、大数据、云计算等先进技术，推出了电子银行、移动支付等便捷的金融服务方式。这些创新举措不仅打破了传统金融服务在时间和空间上的限制，还让农村居民能够随时随地享受到高效的金融服务。这种创新能力的展现，使得新型农村金融机构在农村市场中具备了更强的竞争力。

从风险管理的角度看，新型农村金融机构与传统金融机构存在显著差异。新型农村金融机构更加注重对农村地区特有风险的识别和防范，通过引入现代风险管理工具和技术来提升风险管理的效率和准确性。同时，它们始终坚持"以客户为中心"的服务理念，提供更加个性化、差异化的客户服务，以满足农村客户的特殊需求。

▷▷▷59. 新型农村金融机构兴起对农村经济发展和农民生活有何意义？

新型农村金融机构的兴起对农村经济发展和农民生活产生了以下多维度的影响。

一是提升农村金融服务覆盖率与便捷性。新型农村金融机构通过构建广泛的农村服务网络，显著提升了金融服务的覆盖率。这一变化不仅减少了农村居民获取金融服务的物理距离，还降低了他们的时间成本和经济成本。更重要的是，这些机构利用现代金融科技手段，如移动支付和电子银行，极大地增强了金融服务的便捷性，使农民能够随时随地管理自己的金融资产。

二是推动农业生产方式的转型升级。资金是农业生产现代化的关键要素，新型农村金融机构通过提供多样化的金融产品和服务，如小额贷款、农业专项贷款等，有效地满足了农民在农业生产过程中的资金需求。这些资金的支持不仅促进了农业技术的引进和创新，还推动了农业生产向规模化、集约化方向发展，从而提升了农业的整体效益和竞争力。

三是增强农村经济的风险抵御能力。新型农村金融机构在风险管理方面采用了更为先进和灵活的策略，通过实施联保、互保等机制，有效地分散了贷款风险，提高了信贷资金的安全性。同时，这些机构还积极引入农业保险等金融产品，帮助农民抵御自然灾害和市场波动带来的风险，从而保障了农村经济的稳定发展。

四是促进农村消费市场的扩张与升级。随着新型农村金融机构的兴起，农民的消费观念和消费方式也发生了显著变化。电子支付和移动支付的普及使得农村居民能够更加便捷地进行消费活动，这不仅拓宽了他们的消费渠道，还提升了他们的消费体验。同时，金融服务的改善也提高了农村居民的收入水平和消费能力，进一步推动了农村消费市场的扩张和升级。

五是推动城乡金融服务的均衡发展。 新型农村金融机构的兴起在一定程度上弥补了城乡金融服务的不均衡现象。新型农村金融机构通过向农村地区提供高质量的金融服务，促进了城乡之间金融资源的合理流动和有效配置。这不仅有助于缩小城乡之间的经济发展差距，还有助于推动城乡融合发展的进程。

第二节　村镇银行

▷▷▷60. 村镇银行的定义和主要功能是什么？

村镇银行是指由国内外金融机构、企业法人或自然人共同发起设立，主要为农村地区、农业和农民提供金融服务的银行类金融机构。村镇银行的设立旨在填补农村金融服务的空白，促进农村经济发展和金融普惠。其主要功能包括以下四个方面。

一是开发适合农村特点的信贷产品。 村镇银行深入了解农村市场的金融需求，积极开发符合农村特点、满足农民实际需求的信贷产品。这些产品不仅覆盖了农业生产、农村基础设施建设、农产品加工流通等领域，还针对农村小微企业、农民专业合作社等新型农业经营主体提供定制化的融资解决方案。通过提供多样化的信贷产品，村镇银行有效满足了农村市场的融资需求，为农村经济的繁荣发展注入了强劲动力。

二是创新存款产品，提升农村储蓄水平。为了增强农村居民的储蓄意识和存款积极性，村镇银行不断创新存款产品，提供更具吸引力的利率和灵活的存取方式。这些创新举措不仅降低了农村居民的储蓄门槛，还提高了他们的资金收益，从而有效提升了农村地区的储蓄水平。这对于稳定农村金融秩序、促进资金回流农村以及推动农村经济可持续发展具有重要意义。

三是开展金融知识宣传与培训。村镇银行深知金融知识普及对于提升农村居民金融素养和风险防范意识的重要性，积极开展各类金融知识宣传和培训活动，通过讲座、研讨会、宣传册等多种形式，向农村居民传授基础金融知识、金融产品使用技巧以及风险防范方法等。这些活动不仅提高了农村居民的金融素养，还帮助他们更好地利用金融工具来提升经济效益和生活质量。

四是提供便捷高效的支付结算服务。随着农村经济的发展和城乡融合的推进，农村居民和企业对支付结算服务的需求日益增长。村镇银行紧跟市场趋势，不断完善支付结算体系，提供包括转账汇款、代发工资、电子支付等在内的全方位支付结算服务。这些服务不仅方便了农村居民和企业的日常金融交易，还提高了资金流转效率，为农村经济的繁荣发展提供了有力支持。

▷▷▷61. 村镇银行的发展对农村经济有哪些具体推动作用?

村镇银行在普惠金融、农业支持与产业升级、财产管理、金融创新等各方面,显著推动了农村经济的可持续发展。具体表现在以下方面。

一是普惠金融的推动者。村镇银行的兴起为农村地区带来了普惠金融的曙光。过去,由于地理位置偏远、信息闭塞,许多农村地区长期被传统大型金融机构所忽视,金融服务严重匮乏。而村镇银行的出现,恰恰填补了这一空白。它们提供多样化的金融产品和服务,如小额贷款、农业专项贷款以及扶贫贷款等,使得农村居民和企业能够更加便捷地获得资金支持,从而有效推动了普惠金融的发展。这不仅增强了农村经济的活力,也为农村居民提供了更多脱贫致富的机会。

二是农业支持与产业升级的助力者。农业是农村经济的基石,而村镇银行在支持农业生产和农村企业发展方面发挥着举足轻重的作用。结合农业农村部的相关政策,村镇银行通过提供专项贷款和融资服务,有力支持了农业生产的现代化和产业升级。村镇银行提供的专项贷款资金不仅用于购买先进的农业生产资料和技术,还助力农村企业扩大规模、提升品质,从而提高了农业生产效率和市场竞争力。在这一过程中,村镇银行不仅为农村经济注入了新的活力,也为农村居民提供了更多的就业机会和收入来源。

三是农村居民财产管理的引导者。随着农村经济的发展和农村居民收入的提高,如何合理管理和增值自身财产成了一个重要问题。村镇银行通过提供存款、理财和支付结算等服务，引导农村居民进行合理的财产管理。这些服务不仅增加了农村居民的金融资产安全性和收益，还提高了他们的金融素养和风险防范意识。在这一过程中，村镇银行扮演了重要的角色，为农村居民的财富积累和传承提供了有力支持。

四是金融创新的实践者。村镇银行在金融创新方面也取得了显著的成果。它们结合农村市场的特点和需求，不断创新金融服务模式和产品。例如，"信贷+保险"模式的推出，有效降低了农村居民和企业在贷款过程中的风险；而"互联网+金融"的应用，则使得金融服务更加便捷、高效。这些创新举措不仅提高了金融服务的可得性和便捷性，还为农村经济的发展注入了新的动力。

▷▷▷62. 村镇银行在运营过程中面临哪些挑战和风险？

村镇银行在运营过程中面临多种挑战和风险，涉及多个维度，主要体现为以下几个方面。

一是地域限制与服务覆盖方面。村镇银行的服务对象主要集中在农村地区，而这些地区的人口分布往往较为分散，且经济活跃度相对较低。这种地域限制导致村镇银行的服务覆盖能力有限，客户资源的开发也面临一定难度。同时，由于农村居民的金融需求相对有限，且部分居民对金融服务的认知度不高，因此村镇银行的市场拓展难度较大。

二是信贷风险与管理挑战方面。村镇银行的主要客户群体是农户和农村小微企业，这些客户的经济状况较差、经营稳定性相对较弱。因此，村镇银行在提供信贷服务时面临着较大的信用风险。由于部分客户可能缺乏完善的信用记录和财务透明度，这使得村镇银行在风险评估和信贷决策上存在一定的困难。为了有效管理这些风险，村镇银行需要加强内部风险管理体系的建设，提高风险评估的准确性和信贷决策的科学性。

三是运营成本与运营效率方面。由于村镇银行主要服务于农村地区，因此其运营成本相对较高，而运营效率相对较低。一方面，由于农村地区的交通、通信等基础设施相对薄弱，增加了村镇银行的运营成本；另一方面，由于客户群体的分散性，村镇银行需要投入更多的人力、物力资源来提供服务，进一步加大了运营成本。为了降低运营成本、提高运营效率，村镇银行需要积极探索新的服务模式和技术手段。

四是人才短缺与培训需求方面。村镇银行在发展过程中普遍面临着人才短缺的问题。由于农村地区的经济发展相对滞后，吸引和留住高素质人才成为村镇银行面临的一大挑战。同时，随着金融市场的不断发展和创新，村镇银行员工也需要不断更新知识和技能以适应新的市场需求。因此，加强员工培训和教育成为村镇银行提高竞争力的关键环节。

五是政策变化与市场波动方面。政策变化和市场波动对村镇银行的运营也产生着重要影响。一方面，政府对于农村金融市场的政策调整可能直接影响到村镇银行的业务发展和市场环境；另一方面，市场利率的波动也可能对村镇银行的投资收益产生影响。为了应对这些挑战和风险，村镇银行需要密切关注政策动态和市场变化，及时调整业务策略和风险管理措施。

▷▷▷63. 村镇银行如何通过创新金融产品和服务提高竞争力?

村镇银行可以通过一系列创新金融产品和服务来提高竞争力,从而更好地满足农村客户的多样化需求并增强市场份额,具体表现在以下方面。

一是开发农村地区专属贷款产品。考虑到农村地区经济的独特性和客户需求的差异性,村镇银行应积极开发符合当地实际的专属贷款产品。例如,针对农户在种植、养殖等农业生产环节的资金需求,村镇银行可以推出农户种植养殖贷款,通过灵活的贷款期限和利率设置,满足农户在不同生产阶段的资金需求。同时,对于农业设备购置和农田改造等大额投资,村镇银行可提供相应的农业设备购置贷款和农田改造贷款,帮助农户提升生产效率和产出质量。这些专属贷款产品的推出,不仅能够解决农村客户在生产和发展过程中的资金瓶颈,还能够进一步巩固村镇银行在农村金融市场的地位。

二是借助金融科技优化服务流程。随着金融科技的飞速发展,村镇银行也应积极拥抱新技术,通过引入大数据、人工智能等先进手段,优化客户信用评估和风险控制流程。具体而言,村镇银行可以利用大数据分析技术,对客户的历史信用记录、经营状况、还款能力等进行全面评估,从而更准确地判断客户的信用风险。同时,借助人工智能算法,村镇银行可以实现对贷款申请的自动化审批和智能风控,从而大大提高服务效率和风险管理水平。

二是探索绿色金融产品支持可持续发展。在国家大力倡导绿色发展的背景下，村镇银行应积极响应政策号召，探索绿色金融产品的创新。例如，村镇银行可以推出绿色农业贷款，专门用于支持生态农业、有机农业等环保型农业项目的发展。此外，村镇银行还可以针对农村地区的环保基础设施建设和清洁能源项目等提供专项贷款支持。

四是丰富理财产品满足多元化投资需求。随着农村居民收入水平的提高和财富积累的增加，他们对于理财产品的需求也日益旺盛。因此，村镇银行应顺应市场趋势，积极开发适合农村客户的理财产品。这些产品可以包括定期存款、货币基金、债券基金等低风险产品，也可以适当引入股票基金、混合型基金等较高风险但收益潜力更大的产品。通过提供多样化的理财产品选择，村镇银行不仅能够满足农村客户日益增长的投资需求，还能够进一步提升自身的中间业务收入和盈利能力。

▷▷▷64. 村镇银行与传统银行有何差异？

村镇银行与传统银行在多个维度上呈现出显著的差异。这些差异不仅体现在服务对象与范围和服务方式上，还贯穿于它们的经营理念、社会责任等多个层面。

一是服务对象与服务范围的差异。传统银行的服务对象广泛，包括个人、企业、机构等各类客户，其服务范围通常覆盖全国甚至跨国界。而村镇银行则更加注重服务实体经济，特别是农村居民和小微企业。它们通常设立在村庄或小镇，服务范围更加倾向于农村地区。这种定位使得村镇银行能够更深入地了解当地经济和社会环境，从而更准确地满足当地居民的金融需求。

二是服务方式的特色与优势差异。由于服务对象和服务范围的不同，村镇银行在服务方式上也展现出独特的特色和优势。相较于传统银行，村镇银行更能够亲近服务对象，与客户建立更为紧密的关系。这种亲近性使得村镇银行能够提供更个性化、灵活的金融产品和服务，更好地满足客户的差异化需求。同时，村镇银行在提供金融服务时还更加注重风险防范和控制。由于深耕地方，它们对当地的经济状况、行业特点以及潜在风险有着更为深入的了解。这使得村镇银行在风险监控和应对措施上相较于其他金融机构更加完善，能够更有效地防范和化解金融风险。

三是经营理念的差异。传统银行在经营过程中往往更加注重追求利润最大化，而村镇银行则更多地强调服务地方经济和社会发展。这种经营理念的差异使得村镇银行在推动当地经济发展方面发挥着更为积极的作用。它们不仅为农业产业和小微企业提供必要的金融支持，还通过优化金融资源配置、提升金融服务效率等方式，为乡村振兴战略的实施提供有力保障。

四是社会责任的承担差异。相较于传统银行，村镇银行在承担社会责任方面也表现出更为积极的态度。作为服务于农村地区的金融机构，村镇银行深知自身在推动农村经济发展、改善农村居民生活等方面所肩负的责任。因此，它们在提供金融服务的同时，还积极参与社会公益事业，如扶贫济困、支持教育等，以实际行动回馈社会、造福民生。

▷▷▷65. 村镇银行对乡村振兴具有什么意义？

村镇银行对乡村振兴的意义重大而深远。作为深深扎根于乡村的金融机构，村镇银行以其独特的定位和服务模式，为乡村经济的发展注入强劲的动力，成为推动乡村振兴不可或缺的重要力量。村镇银行对乡村振兴的意义主要体现在以下五个方面。

一是为乡村经济提供了更为贴近实际的金融服务。相较于大型金融机构，村镇银行更加熟悉乡村的市场环境、经济特点以及发展需求。它们能够根据乡村的实际情况，量身定制出更加符合农民和小微企业需求的金融产品和服务。这种接地气的金融服务，不仅有效地满足了乡村经济的融资需求，还为乡村产业的发展提供了有力的金融支持。

二是在支持农民和小微企业方面发挥了举足轻重的作用。农民和小微企业是乡村经济的基石，他们的发展状况直接关系到乡村经济的繁荣与否。然而，由于资金短缺、融资难等问题，这些群体的发展往往受到制约。村镇银行的出现，为他们提供了及时有效的金融支持。通过提供信贷资金、理财服务等，村镇银行帮助农民和小微企业解决了资金难题，降低了经营风险，提升了市场竞争力，从而推动了乡村产业的快速发展。

三是在推动乡村金融服务普及和提升方面做出了巨大贡献。在过去，许多偏远乡村地区的金融服务严重匮乏，居民难以享受到便捷的金融服务。而村镇银行的设立，有效地填补了这些地区的金融服务空白。它们通过建立广泛的金融服务网络，提供多样化的金融产品和服务，让乡村居民能够更加方便地接触到金融资源，享受到高质量的金融服务。这不仅提升了乡村居民的生活品质，还增强了他们对金融的认知和信任感。

四是村镇银行还积极参与乡村社会治理，推动乡村社会的和谐稳定发展。作为乡村社区的一员，村镇银行深知自身在乡村社会治理中的责任与担当。它们通过与当地政府、社区等各方密切合作，共同推动乡村信用体系建设、金融知识普及等工作的开展，为乡村社会的繁荣稳定贡献自己的力量。

五是在推动乡村振兴的过程中，村镇银行也在不断实现自身的可持续发展。通过与乡村经济的深度融合，村镇银行不断拓展业务领域、提升服务质量，实现了经济效益和社会效益的双赢。这种可持续的发展模式，不仅为村镇银行赢得了良好的口碑和信誉，还为它们未来在乡村振兴中发挥更大的作用奠定了坚实基础。

▷▷▷66. 村镇银行的信贷政策和贷款品种有何特点？

村镇银行作为乡村金融的重要组成部分，其信贷政策和贷款品种具有显著的特点，这些特点主要体现在服务农村居民和小微企业、强调服务实体经济以及贷款品种的创新和多元化等方面。

一是倾向于服务农村居民和小微企业。村镇银行的信贷政策明确倾向于服务农村居民和小微企业，这是由村镇银行的定位和服务宗旨所决定的，它们更加注重满足这些群体的融资需求，以促进乡村经济的发展。在信贷审批过程中，村镇银行会充分考虑农村居民和小微企业的实际情况，如经营规模、还款能力等因素，制定更加灵活的信贷政策。同时，村镇银行还通过降低贷款利率、简化贷款手续等方式，减轻农村居民和小微企业的融资负担，提高其融资可获得性。

二是信贷政策强调服务实体经济。村镇银行的信贷政策始终强调服务实体经济，特别是农业生产和乡村产业发展。为了支持这些领域的发展，村镇银行提供了专门的农业贷款和小微企业贷款等产品。这些贷款产品不仅具有较低的利率和较长的贷款期限，还能够根据农业生产和乡村产业的特点，提供个性化的融资解决方案。通过这些贷款产品的投放，村镇银行有效地促进了农业生产和乡村产业的发展，为乡村经济的繁荣做出了积极贡献。

三是贷款品种创新且多元化。村镇银行在贷款品种方面展现出强大的创新能力和多元化特点。除了传统的农户信贷和小微企业贷款外，村镇银行还结合乡村振兴战略的实际需求，开发了一系列特色贷款产品。例如，针对农村产业链的发展，村镇银行推出了农村产业链贷款，为产业链上的各个环节提供资金支持，推动产业链的完善和发展。同时，村镇银行还推出乡村旅游贷款等产品，旨在支持乡村旅游业的发展，提升乡村经济的附加值。这些创新且多元化的贷款品种，不仅丰富了村镇银行的金融服务体系，还更好地满足了乡村经济多元化发展的需求。通过这些特色贷款产品的投放，村镇银行为乡村经济的发展注入了新的活力，推动了乡村产业的转型升级。

第三节 贷款公司

▷▷▷67. 贷款公司的定义和功能是什么?

贷款公司是一种特殊的非存款类金融机构,它的设立和运营都需经过国家金融监管相关部门的严格审批,并遵循国家的相关法律法规。这种金融机构的出现,主要是为了满足县域农民、农业和农村经济发展过程中的贷款需求,为其提供专门的贷款服务。贷款公司与传统银行在业务上有相似之处,但也存在显著差异。与传统银行不同,贷款公司并不具备吸收公众存款的资质,其主要业务是经营各类贷款。这一特性使得贷款公司在资金运作上更加专注于贷款业务,能够为农村地区提供更加专业、灵活的金融服务。随着农村地区经济的快速发展,其金融服务需求也日益增长。然而,由于传统银行服务在农村地区的覆盖有限,很多农村居民和农业企业难以获得及时、有效的金融支持。贷款公司的出现,正好填补了这一市场空白。它们通过深入农村地区,了解当地农村居民和农业企业的实际需求,为其提供量身定制的贷款产品和服务。

贷款公司的功能主要有以下几个方面:第一,提供个性化的贷款服务。贷款公司的贷款产品具有灵活多样的特点,不仅覆盖农业生产、农产品加工、农村基础设施建设等多个领域,还在贷款期限、利率、还款方式等方面提供个性化的选择。这种灵活性和个性化服务，使得贷款公司能够更好地满足农村地区的金融服务需求，为农村居民、农业企业和农村经济组织提供有力的资金支持。第二，积极参与农村金融知识的普及和金融素养的提升工作。贷款公司通过开展金融知识讲座、提供咨询服务等方式，帮助农村居民和农业企业更好地理解和运用金融工具，提高自身的金融素养和风险防范能力。第三，推动农村经济高质量发展。贷款公司通过为农村居民和农业企业提供资金支持，帮助其扩大生产规模、改进生产技术、提高产品质量，从而增强市场竞争力。第四，助力农村经济可持续发展。贷款公司还支持农村基础设施建设，改善农村生产生活条件，为农村经济的可持续发展奠定坚实的基础。第五，助力乡村振兴。乡村振兴是一个系统工程，涉及农业生产、农村环境、农民生活等多个方面。贷款公司通过提供全方位的金融支持，帮助农村地区实现产业升级、环境改善和生活水平提高，为乡村振兴战略的实施提供有力保障。

▷▷▷68. 农村贷款公司在发展过程中面临哪些挑战？

农村贷款公司在发展过程中面临以下多个挑战，这些挑战既来自外部环境的变化，也源于内部管理和运营的问题。

一是信用风险高。信用风险是农村贷款公司面临的首要挑战。由于农村地区农户和小微企业的信用记录相对较少，很多借款人没有完整的征信报告，贷款公司难以准确评估其信用状况。同时，缺乏有效的信用评估机制进一步加剧了这一问题，导致贷款公司在放贷过程中承担着较高的信用风险。这种风险不仅可能导致贷款资金无法按时回收，还可能对贷款公司的财务状况产生不良影响。

二是缺乏抵押物。在农村地区，很多居民和小微企业往往缺乏可供抵押的资产。这意味着在申请贷款时，他们无法提供足够的抵押物来降低贷款公司的风险，一旦借款人无法按时还款，贷款公司可能面临较大的资金损失。这使得贷款公司在审批贷款时更加谨慎，甚至可能拒绝一些潜在的优质客户。

三是信息不对称。信息不对称是农村金融市场普遍存在的问题。由于农村地区的信息流通相对不畅，贷款公司往往难以全面掌握借款人的实际情况，包括借款人的经营状况、财务状况、还款意愿等方面的信息。信息不对称问题导致贷款公司在风险评估过程中可能出现偏差，从而增加了不良贷款的风险。

四是运营成本高。农村地区的地理环境和人口分布特点使得贷款公司的运营成本相对较高。一方面，农村区域地广人稀，因此，贷款公司需要投入更多的人力和物力资源进行客户调查和服务。这不仅增加了贷款公司的运营成本，还可能降低其服务效率。另一方面，农村地区的交通和通信设施相对落后，也进一步增加了贷款公司的运营难度和成本。

五是违约风险高。农村居民的金融素养相对较低，风控意识不强，这可能导致他们在借款后出现还款意愿下降或还款能力不足的情况。这种违约风险不仅影响了贷款公司的资金回收，还可能对整个农村金融市场的稳定性造成威胁。

六是**市场竞争激烈**。随着国家对农村金融市场的重视和支持力度不断增加，越来越多的金融机构开始进入农村市场，这使得农村贷款公司面临着激烈的市场竞争。市场竞争加剧还可能导致贷款公司的市场份额和利润空间受到挤压，对公司的长期发展构成挑战。为了在竞争中脱颖而出，贷款公司需要不断创新产品和服务，提高服务质量和效率。然而，这也对贷款公司的运营能力和管理水平提出了更高的要求。

▷▷▷69. 贷款公司在农村金融中的作用是什么？

贷款公司在农村金融中发挥着资金融通、市场繁荣和产业升级等多重作用，是推动农村经济发展的重要力量，具体表现在以下方面。

一是为农民提供便捷的融资渠道。在传统金融体系中，农民往往因为缺乏抵押物、征信记录不足等而难以获得贷款。而贷款公司则通过灵活的贷款政策和风险评估机制，为农民提供了更加便捷的贷款服务。这种融资支持不仅帮助农民解决了生产和生活中的资金问题，如购买种子、化肥、农机具等生产资料，还助力他们扩大生产规模、改进农业技术，从而提高农业生产效率和经济效益。

二是推动农村金融市场繁荣发展。贷款公司的介入极大地推动了农村金融市场的繁荣发展。在过去，农村金融市场相对封闭，金融服务和产品选择有限。而贷款公司的出现增加了市场的竞争，为农民提供了更多元的金融服务和产品选择。这不仅提高了农村金融市场的服务水平，还激发了农村经济的活力。贷款公司通过不断创新金融产品和服务，满足农民多样化的金融需求，进一步推动了农村金融市场的完善和发展。

三是推动农业产业链的完善和升级。除了为农民提供融资支持外，贷款公司还向农业相关企业提供资金支持，推动农业产业链的完善和升级。这些资金不仅帮助企业扩大规模、提升技术水平，还促进了农产品的深加工和品牌建设，提高了农产品的附加值和市场竞争力。同时，贷款公司的资金支持也推动了农业与相关产业的融合发展，如农业旅游、农产品电商等，为农村经济注入了新的增长点。这种全方位的金融支持有助于实现农业产业链的现代化和高效化，进而促进农村经济的可持续发展。

四是提升农村金融素养和风险防范意识。贷款公司在提供金融服务的过程中积极承担社会责任，帮助提升农村居民的金融素养和风险防范意识。通过开展金融知识普及活动、提供咨询服务等方式，贷款公司帮助农民更好地理解和运用金融工具，提高自身的金融素养和风险防范能力，有助于降低不良贷款的风险，为农村金融市场的健康发展奠定坚实的基础。

▷▷▷70. 农村金融市场中的小额信贷服务如何发展并且支持小微企业？

小额信贷的兴起，源于对农村经济发展需求的深刻理解和对传统金融服务不足的有力回应。随着农村经济结构的转型和小微企业的快速增长，小额信贷服务的多样性和灵活性显得尤为重要。

首先，小额信贷服务的包容性是其发展的核心特征。传统金融机构在为农村居民和小微企业提供贷款时，往往面临较高的门槛，导致许多有融资需求的农户和小微企业无法获得资金支持。而小额信贷服务则通过降低贷款申请的门槛、制定更加灵活的贷款条件，满足了农户和小微企业的实际需求。例如，许多金融机构推出了针对农户的专项小额贷款产品，这些产品不仅在额度上有所调整，还在还款期限和方式上提供了多样化选择，允许借款人根据自身的经营情况进行灵活安排。

其次，政府和金融机构之间的合作为小额信贷的发展提供了强有力的支持。通过政策性补贴和风险担保基金的设立，政府能够有效降低小额信贷的利率，减轻借款人的还款压力。同时，这些政策措施也降低了金融机构的信贷风险，增强了其对小微企业和农户的放贷意愿。例如，某些地区的政府在小额信贷项目中提供了部分利息补贴，鼓励金融机构向小微企业发放贷款，这不仅促进了信贷的流动性，也推动了地方经济的发展。

最后，金融科技的应用为小额信贷服务的扩展提供了新的动力。随着互联网技术的不断发展，许多金融机构开始利用移动互联网平台来提升信贷服务的效率、扩大信贷服务的覆盖面。贷款申请、信用评估、资金发放等环节通过线上化的方式得以快速完成，大幅度提高了服务的可及性。例如，农户只需通过手机应用提交贷款申请，系统便能迅速进行信用评估，并在短时间内完成放款。这种高效便捷的服务模式，不仅提升了用户体验，也让更多的农户和小微企业能够及时获得所需资金。

小额信贷服务的推广，不仅在资金上支持了小微企业的发展，还通过金融服务的创新提升了农村居民的金融素养和信用意识。随着小额信贷的普及，越来越多的农村居民开始关注自己的信用记录，了解基本的金融知识。这种意识的提升，促进了农村金融市场的健康发展，使得更多的农户愿意参与到正规金融体系中来，形成良性循环。

▷▷▷71. <u>金融科技在农村金融市场的应用有哪些具体实例？</u>

金融科技在农村金融市场的应用极大地改善了金融服务的效率和覆盖面，具体表现在以下方面。

一是移动支付和移动银行服务。通过智能手机，农村居民无须前往银行网点便可以轻松进行日常的银行操作。这种便捷性尤其适用于农村地区，以微信支付和支付宝为例，农村地区地理位置偏远、银行网点稀少、交通不便，而这些平台在农村地区的普及使得农村居民可以通过手机进行转账、支付和贷款申请等，解决了现金流动不便的问题。例如，在一些农村地区，农村居民可以通过支付宝进行农产品的销售，消费者可以直接通过手机进行支付，减少了中间环节，提升了交易效率。同时，许多地方的农民合作社也开始利用这些平台进行集体采购和销售，降低了经营成本，增加了收入。

二是区块链技术。区块链技术在农村金融中的应用逐渐兴起，尤其是在农产品供应链金融领域。区块链技术以其去中心化、不可篡改和透明的特性，能够有效提高交易的透明度和安全性。例如，一些农产品企业利用区块链技术记录产品的来源和交易记录，确保每一件产品都可以追溯。这不仅减少了欺诈风险，还提升了消费者对产品的信任度。在一些地区，农村居民通过区块链技术与消费者直接对接，消费者可以通过扫描二维码查看产品的生产过程和质量信息。这种透明度不仅增强了消费者的信任，也提高了农产品的市场竞争力。

三是大数据分析技术。大数据分析技术在农村金融市场中的应用主要体现在信用评估和风险管理方面。传统的信贷评估往往依赖于借款人的信用记录和财务报表，而在农村地区，由于许多农户缺乏正式的信用记录，这种评估方式难以适用。金融科技通过采集和分析农户的生产经营数据、消费行为和信用历史，能够更准确、全面地评估其信用风险。例如，一些金融机构利用大数据技术分析农户的种植记录、销售数据和社交媒体活动，建立信用评分模型。这种模型不仅考虑了传统的财务数据，还结合了农户的实际经营情况，从而提高了信贷决策的科学性和准确性。通过这种方式，更多的农户能够获得贷款支持，从而推动了农村经济的发展。

四是在线借贷平台。在线借贷平台通过互联网技术，将借款人和投资人直接连接起来，降低了融资成本和时间成本。农户可以通过手机或电脑提交贷款申请，平台通过快速审核后，直接将资金发放到借款人账户。例如，某些在线借贷平台专门针对农村小微企业，提供灵活的小额贷款服务。农户只需提供基本的经营信息和信用资料，便可在短时间内获得贷款。这种模式不仅提高了资金的流动性，也为农村创业者提供了更多的融资选择。

五是智能合约。智能合约通过应用区块链技术，能够自动执行合约条款，减少中介的参与。在农村金融市场中，智能合约可以用于保证贷款的合规性和资金的安全性。例如，某些金融机构使用智能合约来管理农业贷款，当农户达到特定的生产条件时，贷款资金会自动释放。这种方式不仅提高了资金使用的效率，也降低了信贷风险。

六是教育和培训平台。通过在线教育和培训平台，金融科技可以提高农村居民的金融素养。许多金融机构和科技公司开始推出针对农村居民的金融知识培训课程，帮助他们了解基本的金融知识和技能。这些课程通常以视频、图文和互动形式呈现，便于农村居民学习和掌握。例如，一些平台提供关于如何管理个人财务、如何进行投资和如何申请贷款的课程。这种教育和培训不仅提升了农村居民的金融素养，还增强了他们的信用意识，促进了农村金融市场的健康发展。

▷▷▷72. 支付宝、微信支付等互联网金融平台在农村的普及情况如何？

支付宝和微信支付作为中国领先的互联网金融平台，近年来在农村地区的普及率显著提高。随着智能手机和移动互联网技术的飞速发展，越来越多的农村居民开始接触并使用支付宝、微信支付等互联网金融平台。智能手机的普及为农村居民提供了便捷的上网工具，而移动互联网的覆盖则打破了地域限制，让农村居民能够随时随地享受到金融服务。这一变化为互联网金融平台在农村的普及奠定了坚实的基础。

一方面，国家政策对互联网金融的鼓励与支持为这些平台在农村的普及提供了有力保障。近年来，政府不断加大对农村金融服务的扶持力度，推动金融机构和互联网企业深入合作，共同打造适应农村市场需求的互联网金融产品和服务。同时，政府还通过举办金融知识普及活动、制定优惠政策等方式，积极引导农村居民了解和接受互联网金融，提高他们的金融素养和风险防范意识。

另一方面，支付宝、微信支付等平台自身也在不断努力，积极拓展农村市场，提升服务质量和用户体验。这些平台针对农村用户的特点和需求，不断优化操作界面和功能设计，简化服务流程，降低使用门槛。同时，它们还积极与农村商户合作，拓展服务场景，为农村居民提供更加便捷、高效的支付和金融服务。这些举措不仅提升了农村居民对互联网金融平台的认可度和满意度，也进一步推动了这些平台在农村的普及。

互联网金融平台在农村的普及带来了诸多积极影响。**一是**降低了农村金融服务的成本，提高了服务效率。通过线上化的服务方式，金融机构能够减少物理网点的建设和运营成本，同时提高业务处理速度和效率。**二是**为农村居民提供了更加便捷、多样化的金融服务。农村居民可以通过手机随时随地进行转账、缴费、购物等操作，无须再前往银行或邮局排队等待。**三是**互联网金融平台推动了农村经济的创新发展。通过为农业产业链提供全方位的金融服务支持，这些平台有助于促进农业产业的转型升级，帮助农民增收致富。

然而，互联网金融平台在农村的普及过程中也面临着一些挑战和问题。例如，部分农村居民对互联网金融的认知度仍然有限，需要进一步加强金融教育和宣传工作。同时，农村地区的网络基础设施和金融服务设施仍有待完善，需要政府和企业共同努力加以解决。

第四节　农村资金互助社

▷▷▷73. 什么是农村资金互助社?

农村资金互助社是一种由乡（镇）、行政村的农村居民和农村小企业自愿入股组建的经济组织，旨在帮助农村居民解决资金周转和互助需求问题。这种组织形式，既古老又新颖，不仅汲取了中国传统农耕文化中的互助合作精神，还结合了现代金融管理的理念和实践。农村资金互助社不仅是一个金融机构，更是一个充满人情味、强调团结与协作的社区。在这个互助社里，每一个成员都是重要的。他们根据自己的经济情况和需求，投入到这个共同的"资金池"中。当某个成员遇到资金周转问题时，可以向互助社提出申请，经过互助社简单的审核流程后，该成员便能迅速获得所需的资金支持。这种快速、简便的贷款方式，极大地缓解了农村居民因临时资金需求而产生的压力。同时，这种互助模式也有效地降低了贷款的成本和风险。成员之间彼此熟悉、相互信任，能够更有效地控制违约风险。农村资金互助社在制订贷款利率和还款方式时，会充分考虑成员的实际情况和需求，确保资金的合理流动，为成员提供相对低成本、高效率的金融服务。

农村资金互助社不仅是一个提供金融服务的机构，更是农村社区的一个重要组成部分。在这里，人们通过共同的经济活动，加强了彼此之间的联系和信任，也促进了社区内部的团结和稳定。这种经济组织形式，实际上是在弘扬一种相互帮助、共同发展的社区精神。更重要的是，农村资金互助社为农村经济的发展注入了新的活力。在传统的金融体系中，农村居民往往因为缺乏抵押物或信用记录而难以获得贷款。而农村资金互助社的存在，正好填补了这一空白，为农村居民提供了更加灵活和便捷的金融服务。这不仅有助于农村居民解决生产生活中的资金问题，还能推动他们开展更多的经济活动，从而促进整个农村社区的繁荣和发展。

▷▷▷74. 农村资金互助社如何利用互联网技术和移动支付服务提升金融服务水平？

农村资金互助社通过利用互联网技术和移动支付服务，可以大幅提升自身的金融服务水平，从而更好地服务农村居民。具体表现在以下方面。

一是在线平台的建设。互联网技术的应用使得农村资金互助社能够建立在线服务平台，提供更为高效的金融服务。通过搭建专属的互联网平台，互助社可以实现在线贷款申请、审批和发放。这种方式不仅简化了传统的借贷流程，还能够大幅缩短贷款的处理时间。农户只需在手机或电脑上填写相关信息，提交贷款申请，互助社便可通过系统进行审核，快速完成资金的发放。在线服务平台的建立，极大地方便了农户，尤其是那些居住在偏远地区的农民，他们不再需要舟车劳顿地前往互助社办理借贷手续，而是在家中就可以完成所有操作。这种便捷的服务大幅提升了农户的借贷体验，鼓励更多的农户积极参与互助社的金融活动。

二是移动支付的普及。移动支付技术的广泛应用，使得农村资金互助社的金融服务更加便捷和高效。通过移动支付，互助社可以解决传统借贷模式中的现金流动问题，降低交易成本。例如，农户在申请贷款后，可以通过微信支付、支付宝等移动支付平台直接收到贷款资金，无须等待现金的发放。这种即时到账的方式不仅提高了资金的使用效率，还增强了农户的满意度。同时，移动支付还可以简化互助社的还款流程。农户在到期还款时，可以直接通过移动支付平台进行还款，避免了现金交易带来的不便和风险。

三是大数据与人工智能的应用。农村资金互助社基于大数据和人工智能技术，对农户的信用评估进行更精准的分析和判断。通过收集和分析农户的生产经营数据、消费行为和信用历史，农村资金互助社建立全面的信用评分体系。这种信用评估方式不仅考虑了传统的财务数据，还结合了农户的实际经营情况，从而提高了信贷决策的科学性和准确性。

四是普惠金融教育的开展。互联网技术和移动支付的应用，为农村资金互助社开展普惠金融教育提供了新的机会。互助社可以利用在线平台，推出针对农户的金融知识培训课程，帮助他们提升金融素养。这些课程可以涵盖个人财务管理、信贷知识、投资理财等内容，以便农户更好地理解金融产品和服务。例如，互助社可以通过直播、短视频等形式进行金融知识的传播，让农户在轻松愉快的氛围中学习金融知识。通过提升农户的金融素养，互助社不仅能够扩大金融服务的覆盖面和深度，还能够增强农户的信用意识，促进其积极参与互助社的金融活动。

五是信息透明与管理效率提升。互联网技术的应用还能够提高农村资金互助社的信息透明度和管理效率。第一，通过在线平台，互助社可以实时更新贷款信息、利率变动、还款情况等，让农户随时掌握相关信息。这种透明的信息管理方式，能够增强农户对互助社的信任，提升其参与度。第二，利用互联网技术实现内部管理的数字化，提升运营效率。通过建立信息管理系统，互助社可以更好地进行客户管理、风险控制和财务管理。

六是风险控制与合规管理。互联网技术的应用还能够帮助农村资金互助社加强风险控制和合规管理。通过建立完善的风险监测系统，互助社可以实时监测贷款的风险状况，及时采取措施应对潜在风险。同时，互助社还可以利用互联网技术进行合规管理，确保其运营符合相关法律法规的要求。例如，互助社可以通过在线平台进行客户身份验证、贷款合规审核等操作，确保所有业务的合规性。

▷▷▷75. 农村资金互助社在发展中面临哪些挑战？

农村资金互助社在发展中面临着一系列严峻的挑战，具体表现在以下方面。

一是资金来源单。农村资金互助社的资金主要依赖于农民的存款。由于农民收入的有限性，互助社的资金规模往往难以满足广大农民对贷款的需求。这种单一的资金来源模式严重制约了农村资金互助社的进一步发展。农民的收入波动较大，尤其是在农业生产周期和市场行情变化时，农民的存款能力若受到影响，就会导致互助社的资金池无法稳定增长。同时，资金的短缺也使得农村资金互助社在贷款利率上难以具备竞争优势。由于缺乏多元化的资金来源，互助社往往需要提高贷款利率以维持运营，这进一步抑制了农民的借贷意愿，形成了恶性循环。

二是管理水平亟待提升。许多农村资金互助社的管理人员并不具备专业的金融背景，这在一定程度上削弱了互助社的稳定性和风险应对能力。由于缺乏专业知识和管理经验，管理人员在风险控制、信贷审批、客户服务等方面的能力相对有限，容易导致决策失误和管理漏洞。同时，内部管理制度不健全、信息系统落后等问题也使得农村资金互助社在运营中面临较大的管理风险，难以有效应对市场变化和客户需求。

三是风险防范机制不完善。农村资金互助社在风险防范方面存在明显短板，缺乏全面的风险评估和健全的管理制度，资金安全难以得到充分保障。一旦发生风险事件，如贷款违约、市场波动等，可能会对互助社造成重大损失。这种风险不仅影响到互助社的运营,还可能对农民的信任产生负面影响。例如,农村资金互助社在信贷审批过程中,往往缺乏科学合理的风险评估机制,导致部分高风险客户获得贷款。

四是市场竞争激烈。随着金融市场的日益开放和竞争的加剧,农村资金互助社面临着来自商业银行和互联网金融的强大竞争压力。商业银行通常拥有更为雄厚的资金实力和更为成熟的金融产品,能够提供更低的贷款利率和更高的服务质量。而互联网金融则凭借其先进的技术手段和便捷的服务模式,吸引了大量农村客户,进一步加剧了市场竞争。在这种竞争环境下,农村资金互助社往往处于相对弱势地位。由于资金来源的限制和管理水平的不高,农村资金互助社在市场推广、产品创新和客户服务等方面难以与大型金融机构抗衡,这不仅影响了互助社的客户获取能力,也制约了其可持续发展。

第五章　农村保险市场与保险机构

第一节　农村保险机构与市场概况

▷▷▷76. <u>农村保险机构的主要功能和作用是什么？</u>

农村保险机构在现代农业和农村经济中扮演着至关重要的角色。作为专为农村地区提供服务的金融机构，农村保险机构的主要功能和作用十分显著，主要涵盖以下四个方面。

一是风险管理与经济保障。农业生产面临着多种风险，包括自然灾害（如洪水、干旱、病虫害等）、市场波动（如农产品价格下跌），以及意外事故（如农机具事故等）。这些风险可能导致农民遭受巨大的经济损失，甚至影响到他们的生计。通过提供多样化的保险产品，如农作物保险、农业生产责任保险、家庭财产保险和人身意外保险等，农村保险机构能够为农民构筑起一道坚实的风险防护网。当自然灾害或其他风险事件发生时，保险机构能够及时提供经济上的援助与补偿，帮助农民降低损失，迅速恢复正常的生活与生产秩序。这种保障不仅增强了农民的抗风险能力，也提升了他们的生产积极性，从而促进了农村经济的可持续发展。

二是促进农业生产与投资。保险产品的推出为农民提供了信心，使他们在农业生产中敢于进行更多的投资。例如，农民在购买农作物保险后，能够更加安心地投入资金进行生产，因为他们知道在遭遇风险时能够获得赔偿。这种信心的提升，会鼓励农民进行技术创新和生产方式的转变，推动农业现代化。

三是知识普及与风险教育。农村保险机构不仅提供保险产品，还积极承担起保险知识的普及工作。许多农民对保险的理解和认知相对薄弱，缺乏有效的风险管理意识。农村保险机构通过开展各种形式的宣传和教育活动，增进农民对保险的了解与认识，提升他们的风险管理能力。例如，农村保险机构可以通过组织培训班、讲座、发放宣传材料等方式，向农民普及保险知识，讲解保险产品的种类、功能和购买流程。通过这些活动，农民能够更好地理解保险的作用，学会如何选择适合自己的保险产品，从而有效减轻因各类风险带来的经济损失。

四是扩大农村保险市场的覆盖面。农村保险机构在推动农村保险市场的发展方面也发挥着重要作用。通过设计符合农村特点和农民需求的保险产品，农村保险机构能够吸引更多的农民参与保险，扩大保险市场的覆盖面。例如，针对小规模农户的特定需求，保险机构可以推出小额保险产品，以降低农民的参与门槛。

五是促进农村经济的持续增长。通过提供风险管理、经济保障和知识普及等服务，农村保险机构能够帮助农民降低生产风险，提升生产积极性，促进农业投资和技术创新。这些因素共同作用，推动了农村经济的健康发展。

▷▷▷77. 农村保险市场具有哪些特点？

农村保险市场是一个充满潜力和机遇的领域，随着中国农村经济的发展和农民生活水平的提高，农村保险市场的特点愈发明显，主要特点包括市场规模庞大、渗透率相对较低、风险多样性、产品个性化、销售渠道多样化、基础设施建设不足以及政策支持与市场环境良好七个方面。

一是市场规模庞大。中国是一个农业大国，农村人口众多，农业产业在国民经济中占据重要地位。根据统计数据，中国农村人口超过 8 亿，农业从业人员占据了相当大的比例。这一庞大的人口基数为农村保险市场提供了广阔的发展空间。随着农村经济的不断发展，农民的收入水平逐渐提高，对保险的需求也日益增加。

二是渗透率相对较低。尽管农村保险市场潜力巨大，但与城市地区相比，农村保险的渗透率仍然相对较低。许多农民对保险的认知不足，缺乏足够的风险管理意识，导致保险产品的购买率不高。根据相关数据，农村保险的渗透率仅为城市的 30%左右。这一现象不仅限制了农村保险市场的发展，也使得农民在面对自然灾害、疾病等风险时缺乏有力的保障。

三是风险多样性。农村地区面临的风险与城市有所不同，主要包括自然灾害、农业生产风险、健康安全风险等。这些风险的多样性导致农村保险需求呈现出多样化和个性化的特点。例如，农民在农业生产中可能遭遇干旱、洪涝、病虫害等自然灾害，这些风险直接影响到他们的收入和生活。同时，农村地区的健康安全风险也日益突出，农民对医疗保险、意外伤害保险等产品的需求逐渐增加。这要求保险公司在产品设计上更加灵活，能够针对不同的风险类型提供相应的保险解决方案，以满足农民的多样化需求。

四是产品个性化。由于农村地区的风险特点和农民的需求差异，农村保险市场的产品个性化显得尤为重要。保险公司需要根据农村地区的实际情况，开发出符合农民需求的特色保险产品。例如，针对农村地区易受自然灾害影响的特点，保险公司可以设计灵活的赔付政策，提供全面的农业保险产品，涵盖农作物、养殖业、农机具等多个方面。

五是销售渠道多样化。农村地区的基础设施相对落后，保险销售网络覆盖不足，难以有效触达广大农民。这一现状要求保险公司探索多样化的农村保险销售渠道，以提高农民的保险获取便利性。传统的保险销售模式往往难以适应农村市场的需求，保险公司需要借助农村合作社、信用社等本地机构，与其建立合作关系，拓展销售渠道。例如，保险公司可以与农村合作社合作，通过合作社的网络和影响力，将保险产品推广给更多的农民。

六是基础设施建设不足。农村地区的基础设施建设相对滞后，尤其是在信息化和网络覆盖方面，这一问题直接影响到农村保险市场的发展。保险公司在推广保险产品时，往往面临信息不对称和沟通不畅的问题，导致农民对保险产品的了解不足。因此，改善农村地区的基础设施建设，提升信息化水平，是推动农村保险市场发展的重要前提。

七是政策支持与市场环境良好。农村保险市场的发展离不开政策的支持。近年来，国家对农村保险市场的重视程度不断提高，出台了一系列政策措施，鼓励保险公司进入农村市场，推动农村保险的发展。这些政策不仅为保险公司提供了良好的发展环境，也为农民提供了更多的保障选择。例如，政府可以通过财政补贴、税收优惠等方式，鼓励保险公司开发适合农村的保险产品。同时，政府还可以加强对农村保险市场的监管，维护市场秩序，保护农民的合法权益，为农村保险市场的健康发展提供有力保障。

第二节 农村居民保险

▷▷▷78. 农村居民保险主要包括哪些种类？

农村居民保险是为满足农村居民不同生活和生产需求而设立的保险种类，涵盖了多个方面的保障。随着农村经济的发展和居民生活水平的提高，保险的种类和功能逐渐丰富，主要包括农村社会养老保险、农村合作医疗保险、农村意外伤害保险、农业保险等。以下将详细探讨这些主要保险种类及其重要性。

一是农村社会养老保险。农村社会养老保险是为保障农村居民在年老后能够获得一定的养老金，确保他们的基本生活需求而设立的保险。随着人口老龄化的加剧，农村居民的养老问题日益突出。农村社会养老保险通过建立基本养老保险制度，为参保农民提供一定的养老金，帮助他们在退休后维持基本的生活水平。

二是农村合作医疗保险。农村合作医疗保险是旨在为农村居民提供医疗费用的补偿，减轻因疾病带来的经济负担而设立的保险。农村合作医疗保险的主要特点是低保费、高保障，即农民能够以较低的费用获得较高的医疗保障。参保农民在发生疾病或意外伤害时，可以通过合作医疗保险报销部分医疗费用，减轻个人的经济负担。这种保险的推广，不仅提高了农村居民的医疗保障水平，也促进了农村医疗卫生事业的发展。

三是农村意外伤害保险。农村意外伤害保险是为农村居民提供的因意外事故导致的伤害或死亡的经济赔偿。这一保险种类适用于农村居民在生活和生产环境中可能遇到的意外风险，如农机具操作、交通事故，以及自然灾害等。这种保险能够有效减少因意外事故带来的经济损失，帮助农民更好地恢复正常生活。同时，农村意外伤害保险还可以提升农民的安全意识，鼓励他们采取更为安全的生产和生活方式，降低意外事故的发生率。

四是农业保险。农村保险是专门针对农业生产过程中可能遭遇的风险而设立的保险，包括农作物保险和养殖保险等。由于农业生产受到天气、病虫害、市场波动等多种因素的影响，农民面临的风险较大，对农业保险的需求日益增加。

五是其他保险种类。除了上述主要保险种类，农村居民保险市场还根据实际需求发展出更多的保险产品。例如，针对农村居民的旅游保险、健康保险等，能够满足不同人群的保障需求。随着农村居民对保险认知的提高，市场对多样化保险产品的需求也在不断增加。

▷▷▷79. 农村居民参加保险有哪些好处？

农村居民参加保险的好处是多方面的，涵盖了获得经济保障、提升风险意识、改善医疗服务、获得养老保障、促进家庭和谐、促进经济发展等多个层面。随着社会的发展和农村经济的变化，保险在农村居民生活中扮演着越来越重要的角色。

一是获得经济保障。参加保险最直接的好处就是获得经济保障。农村居民在生活中面临许多风险，包括疾病、意外伤害、自然灾害等。这些风险可能导致家庭经济负担加重，尤其是对于那些经济条件相对较差的家庭来说，突发的医疗费用或意外事故可能会让他们陷入困境。通过购买保险，农村居民可以在面临风险时获得必要的经济支持。例如，农村合作医疗保险能够报销部分医疗费用，减轻农村居民因疾病带来的经济压力；而意外伤害保险则可以在农村居民发生意外时提供经济赔偿，帮助其家庭渡过难关。这种经济保障不仅能帮助农村居民应对突发事件，还能让他们在生活中更有安全感。

二是提升风险意识。参加保险的过程也有助于提升农村居民的风险意识。许多农村居民对保险的认知相对不足，缺乏有效的风险管理意识。通过了解保险产品和相关知识，农村居民能够更清楚地认识到生活中潜在的风险。例如，当农村居民购买农业保险时，他们会更加关注天气变化、病虫害防治等因素，从而提高自身的风险管理能力。

三是改善医疗服务。农村居民参加保险还能够享受到更为专业和全面的医疗服务。特别是一些农村合作医疗保险计划，往往会涵盖更广泛的医疗服务，包括预防保健、疾病治疗、住院费用报销等。这种全面的保障能够有效提高农村居民的健康水平。在传统的农村医疗体系中，由于资源有限，许多农村居民在就医时面临着高昂的医疗费用和医疗服务不足的问题。而通过参加医疗保险，农村居民不仅能够获得经济补偿，还能享受到更为优质的医疗服务。例如，保险可以鼓励农民定期体检，及时发现和治疗潜在的健康问题，从而提高整体健康水平。

四是获得养老保障。随着人口老龄化的加剧，养老问题成为了社会关注的焦点。农村居民参加保险，尤其是社会养老保险，能够为他们提供更好的养老保障。通过定期缴纳养老保险费用，农民在达到法定退休年龄后，可以领取养老金，确保在年老后能够维持基本的生活水平。

五是促进家庭和谐。家庭成员在面临风险时，往往会感到焦虑和不安，尤其是在经济条件较差的家庭中，突发的风险可能会导致家庭关系紧张。而通过参加保险，家庭成员可以共同承担风险，减轻彼此的经济压力，从而增强家庭的凝聚力。比如，当家庭中有人因意外事故需要治疗时，保险能够提供经济支持，帮助家庭渡过难关，避免家庭成员因医疗费用而产生矛盾和冲突。

六是促进经济发展。保险的推广能够提高农村居民的风险管理能力，鼓励他们进行投资和创业。具有保险保障的农村居民在进行农业生产、养殖等活动时，能够更加安心地投入资金。同时，保险公司在农村的业务拓展能够带动金融服务的多样化，提高农村居民的金融素养，以及他们的经济活动能力。

▷▷▷80. 农村居民保险在购买和理赔过程中需要注意哪些事项？

在购买和理赔农村居民保险时，每位农村居民应该遵循的原则是谨慎行事、明确权益。保险作为一种风险管理工具，能够为农村居民提供必要的经济保障，但在实际操作中，许多居民由于缺乏经验，可能会在购买和理赔过程中遇到困难。以下是农村居民在购买和理赔保险时需要注意的事项。

一是详细阅读保险合同。在购买保险之前，农村居民应仔细阅读保险合同和相关条款。保险合同是保险公司与投保人之间的法律协议，明确了双方的权利和义务。关键内容包括：保险责任、免责条款、等待期、续保条件等，农村居民如果在阅读过程中有任何不明确的地方，应及时向保险公司或专业人士咨询，以免日后产生纠纷。

二是选择合适的保险产品。农村居民在购买保险时，应根据自身的实际需求和经济状况选择合适的保险产品。例如，在考虑家庭成员的健康状况、工作性质、收入水平等因素后，农村居民应选择适合的医疗保险、意外伤害保险或养老保险等。同时,农村居民应比较不同保险公司的产品和服务,选择信誉良好、理赔服务高效的保险公司,以确保在需要时能够获得及时的支持。

三是妥善保管保险合同。购买保险后,农村居民应妥善保管好保险合同和相关文件。这些文件在理赔时至关重要,丢失或损坏可能会导致理赔困难。建议将保险合同复印存档,或将其保存在安全的地方,确保在需要时能够快速找到。

四是理赔时及时报案。在发生保险事故后,农村居民应及时向保险公司报案。大多数保险公司对报案时间有规定,超过规定时间可能会影响理赔。因此,发生事故后,农村居民要第一时间与保险公司联系,按照要求提供必要的理赔资料和证明,确保理赔流程顺利进行。

五是提供真实的信息。在理赔过程中,农村居民应诚实守信,提供真实的信息和资料。任何虚假信息或故意隐瞒的重要情况都可能导致理赔的失败,甚至可能引发法律纠纷。因此,农村居民在填写理赔申请和提供相关证明时,应确保信息的准确性和完整性。

六是保持与保险公司的沟通。在理赔过程中,保持与保险公司的沟通畅通非常重要。农村居民应定期跟进理赔进展,及时了解理赔结果。如果在理赔过程中遇到问题或疑问,农村居民应主动与保险公司联系,寻求解答和帮助。

七是了解理赔流程。不同保险公司的理赔流程可能有所不同,农村居民在购买保险时应提前了解理赔的具体流程,包括所需的资料、报案方式、审核时限等。了解理赔流程能够帮助居民在发生事故后更高效地进行理赔，避免因流程不清晰而浪费时间。

八是处理理赔异议。如果对保险公司的理赔决定有异议，农村居民应及时采取行动，如可以向保险公司提出书面申诉，说明异议的理由和相关证据。保险公司通常会在一定时间内对申诉进行审核并给出答复。如果保险公司仍然坚持原理赔决定，那么农村居民可以咨询律师或相关法律机构，了解自己的权利和可能的法律途径，确保在合法框架内进行维权。

九是关注保险政策变化。保险政策和市场环境可能会发生变化，农村居民在购买保险后，应定期关注相关的政策动态和保险产品的调整。了解最新的保险政策，有助于农村居民及时更新自己的保险计划，确保保障的有效性。

十是参与保险教育和培训。许多保险公司和专业机构会定期举办保险知识的宣传和培训活动，农村居民应积极参与这些活动，提升自己的保险意识和风险管理能力。通过学习保险知识，居民能够更好地理解保险的功能和作用，从而在保险的购买和理赔过程中做出更明智的决策。

第三节 农产品保险

▷▷▷81. 农产品保险的发展历史是怎样的?

农产品保险的发展历史源远流长,涵盖了从早期的风险分担机制到现代复杂的保险产品的演变过程。随着农业的不断发展和风险管理理念的兴起,农产品保险逐渐形成并发展成为一种重要的农业风险管理工具。

在古代,虽然没有现代意义上的农产品保险,但农民在面对自然灾害时,通常会采取一些风险分担的措施。例如,古代的农民可能通过合作社的形式,共同承担灾害带来的损失;或者通过分散种植不同作物来降低风险。这些初步的风险管理方式为后来的农产品保险奠定了基础。

真正意义上的农产品保险始于 19 世纪,尤其是在欧美国家。随着农业生产的机械化和规模化,农民面临的风险也日益增加,尤其是自然灾害对作物的影响。1868 年,英国成立了第一家农业保险公司,开始提供针对自然灾害的保险产品。这一时期的农产品保险主要集中在对洪水、干旱、冰雹等自然灾害造成的损失进行赔偿。

进入 20 世纪后,农产品保险的保障范围逐渐扩展。除了自然灾害,保险产品开始涵盖病虫害、动物疫病等风险。例如,在 20 世纪 30 年代，随着农业科学的发展，农民对病虫害的认识逐渐加深，保险公司也相应推出了针对病虫害的保险产品。这一变化反映了农业生产中风险管理的不断进步。此后，随着市场经济的发展，农产品价格波动成为农民面临的重要风险之一。20世纪80年代，价格保险的概念逐渐兴起，农民可以通过购买价格保险来对抗市场价格波动带来的经济损失。这种保险形式不仅为农民提供了保障，也促进了农业生产的稳定。例如，在美国，联邦政府于1996年推出了"农业风险保护法"，为农民提供了多种风险管理工具，包括价格保险和收入保险，这一政策的实施标志着农产品保险进入了一个新的发展阶段，农民可以根据自身的需求选择适合的保险产品。

进入21世纪，农产品保险在全球范围内得到了迅速发展。许多国家开始建立完善的农产品保险体系，政府也积极参与其中。例如，中国在2007年启动了"中央财政支持的农作物保险试点"，并逐步扩大到全国范围。通过政府的支持和引导，农产品保险的覆盖面不断扩大、保障水平不断提升。现代农产品保险不仅包括传统的自然灾害保险和价格保险，还发展出了多样化的产品，如收入保险、气候保险等。这些新型保险产品能够更全面地覆盖农民面临的各种风险，帮助他们更好地应对不确定性。农产品保险的发展不仅为农民提供了经济保障，还对农业的稳定发展和农村经济的繁荣起到了积极作用。通过有效的风险管理，农民能够更安心地进行生产，减少因自然灾害和市场波动带来的经济损失。

未来，农产品保险的发展将面临新的挑战和机遇。气候变化、市场波动以及全球经济的不确定性将继续影响农业生产,农产品保险需要不断创新以适应这些变化。同时,政府和保险公司之间的合作也将更加紧密,以确保农产品保险能够更好地服务于农民,为农业的可持续发展提供保障。随着保险意识的提高,越来越多的农民将认识到保险的重要性,并参与到保险体系中,从而实现对风险的有效管理。

▷▷▷82. 农产品保险有哪些具体种类?

农产品保险的具体种类相当多样化,每一种都致力于减轻农业生产中可能遇到的各种风险。随着农业生产的不断发展和市场环境的变化,农产品保险的种类也在不断丰富,以满足不同农业生产者的需求。下面是几种主要的农产品保险类型及其特点。

一是农作物保险。 农作物保险是农产品保险中最核心的类型,主要针对粮食作物和经济作物。农作物保险的主要功能是为农户提供经济补偿,以应对自然灾害(如洪水、干旱、冰雹等)或意外事故(如火灾、虫害等)导致的减产或损失。农作物保险通常分为两种形式:一种是基于实际损失的保险,另一种是基于预定产量的保险。前者根据实际发生的损失进行赔偿,而后者则在保险合同中约定一个预定的产量,若实际产量低于该预定值,保险公司将根据约定的赔偿标准进行赔偿。这种保险形式能够有效降低农民在遭遇自然灾害时的经济压力,帮助他们更快地恢复生产。

二是养殖保险。 养殖保险覆盖了家禽、牲畜在养殖过程中可能因疾病、自然灾害等因素造成的损失。养殖保险的主要目的是为养殖业者提供强有力的后盾，确保他们在遭遇突发事件时能够获得必要的经济支持。养殖保险通常包括对动物疾病的保障、意外死亡的赔偿以及因自然灾害导致的损失等。通过购买养殖保险，养殖户可以有效降低因疾病或意外事故带来的经济损失，从而增强养殖业的可持续发展能力。

三是渔业保险。渔业保险聚焦于渔船、渔网以及渔获等因自然灾害或海洋污染而遭受的损失。渔业保险的主要目的是确保渔业从业者的利益得到保障，帮助他们应对海洋环境变化带来的风险。渔业保险通常包括对渔船的损失赔偿、渔网的损坏赔偿以及因自然灾害导致的渔获损失的赔偿等。随着海洋资源的日益枯竭和环境污染问题的加剧，渔业保险的重要性愈发凸显，其能够为渔民提供必要的经济支持，促进渔业的可持续发展。

四是农机保险。农机保险是针对农业机械设置的专门的保险，主要为农户提供必要的风险保障。农机保险主要涵盖机械故障、意外损坏、盗窃等风险，确保农民在使用农业机械时能够获得相应的保险赔偿。随着农业机械化程度的提高，农机保险的需求也在不断增加。通过购买农机保险，农民可以降低因机械故障或意外事故导致的经济损失，从而提高生产效率。

五是价格保险和收入保险。价格保险和收入保险近年来逐渐兴起。价格保险主要是针对农产品市场价格波动的风险，农民可以通过购买价格保险来锁定一定的销售价格，确保在市场价格下跌时能够获得相应的赔偿。这种保险形式能够有效降低农民在市场波动中的风险，帮助他们稳定收入。收入保险则是综合考虑农民的生产成本和市场价格波动，为农民提供整体收入保障。通过收入保险，农民可以在遭遇自然灾害或市场波动时获得必要的经济支持，确保其基本生活水平不受影响。

▷▷▷83. 农产品保险对农业生产者有哪些益处？

农产品保险对农业生产者的益处是多方面的，集中体现在为农业生产者构建了一道坚实的风险防护网。在现代农业生产中，农民面临着多种风险，包括自然灾害、病虫害、市场价格波动等不可预测因素。农产品保险的存在可以在风险发生时为农户提供及时的经济赔偿，有效减少农户因这些风险所带来的经济损失，从而为农业生产者提供多重保障。具体表现在以下方面。

一是农产品保险能够为农业生产者提供经济补偿。在遭遇自然灾害（如洪水、干旱、冰雹等）或病虫害时，农作物的产量可能会大幅下降，甚至完全失收。此时，农产品保险可以根据保险合同的约定，及时向农户支付赔偿金，帮助他们弥补因减产而造成的经济损失。这种经济支持不仅能够帮助农民渡过难关，还能为他们的后续生产提供资金保障，使其能够继续投入到农业生产中。

二是农产品保险能够增强农业生产者的风险抵御能力。面对不确定的气候变化和市场波动，农民往往感到无所适从。通过购买农产品保险，农民可以将部分风险转移给保险公司，从而减少自身需承担的风险。这种风险转移机制使得农民在面对突发事件时，能够更加从容地应对，减少因恐惧和不安而导致的生产决策失误。同时，保险的存在让农民在面对风险时，能够更加自信地进行生产规划和投资决策。

三是农产品保险能够促进农业生产的稳定性。由于保险的保障，农民在遭遇自然灾害或市场波动时，不必过于担心经济损失，从而能够更加专注于农业生产。这种稳定性不仅体现在个体农户的生产上，也对整个农业产业链的稳定发展起到了积极作用。当大多数农民都能获得保险保障时，整个农业生产的波动性将会降低，进而促进农业的可持续发展。

四是农产品保险能够激励农业生产者采用更为科学和先进的生产技术。许多保险公司在承保时，会要求农民遵循一定的农业生产规范和管理措施，以降低风险。这种要求促使农民更加重视科学种植和养殖，采用现代化的农业技术和管理方法，从而提高生产效率和产品质量。通过保险的引导，农民不仅能够降低风险，还能提升自身的生产能力和市场竞争力。

五是农产品保险能够促进农业金融的发展。随着保险市场的逐步成熟，越来越多的金融机构开始关注农业保险领域，推出相关的金融产品。这些金融产品不仅为农民提供了更多的融资渠道，还能够与保险相结合，形成综合的风险管理方案。例如，农民可以通过抵押保险单获得贷款，从而解决生产资金不足的问题。这种金融创新为农业生产者提供了更为灵活的资金支持，进一步推动了农业的发展。

▷▷▷84. 商业银行和农村金融合作在乡村振兴中的作用是什么?

　　商业银行与农村金融合作在乡村振兴中起到了相辅相成的重要作用。随着国家对乡村振兴战略的重视,金融支持成为推动农村经济发展的关键因素。商业银行拥有丰富的金融资源和专业的服务能力,而农村金融机构则对本地市场了解更加深入,联系更加紧密。两者的合作可以最大限度地发挥各自优势,实现资源的优化配置,从而为乡村振兴提供强有力的金融支持。具体表现在以下方面。

　　一是商业银行与农村金融合作促进金融服务下沉到最基层。这种合作模式使得商业银行能够更好地了解农村市场的需求,针对性地设计金融产品。例如,商业银行可以与当地农村金融机构共同开发适合农民的贷款产品,降低贷款门槛,简化申请流程,使更多的农民能够获得信贷支持。这种信贷资源的引入,不仅能够帮助农民解决资金短缺的问题,还能促进农业生产和农村经济的发展。

　　二是商业银行与农村金融合作助力农村基础设施建设。农村基础设施薄弱是制约乡村发展的重要因素,而商业银行通过与农村金融机构的合作,可以为农村基础设施建设提供必要的资金支持。例如,商业银行可以为农村道路、灌溉系统、供水设施等项目提供贷款,帮助地方政府和农村合作社筹集建设资金。这些建设资金的投入,不仅改善了农村的基础设施条件,还为农民的生产和生活提供了便利,进一步推动了乡村经济的发展。

三是商业银行与农村金融合作促进农民创业和产业发展。随着农村经济的转型升级，越来越多的农民希望通过创业实现增收。商业银行可以通过与农村金融机构的合作，为农民提供创业贷款、投资咨询和风险管理服务。例如，某些商业银行设立了专门的乡村振兴金融部门，设计针对性强的金融产品，与当地农村金融机构协同作战，帮助农村居民获得贷款、保险和投资服务。这种支持不仅能够激发农民的创业热情，还能推动农村产业的多元化发展，提高农民的收入水平。

四是商业银行与农村金融合作提高农村金融服务的效率和安全性。商业银行在信息技术和风险管理方面具有优势，而农村金融机构则对当地市场和客户有更深入的了解。通过信息共享，商业银行可以更好地评估农村客户的信用风险，降低信贷风险。同时，农村金融机构可以借助商业银行的技术支持，提升自身的服务能力和管理水平。这种合作不仅提高了农村金融服务的效率，还增强了农村金融体系的稳定性和安全性。

五是商业银行与农村金融合作促进金融知识的普及和农民的金融素养的提升。通过联合举办金融知识培训、宣传活动等，商业银行和农村金融机构可以帮助农民更好地理解金融产品和服务，增强他们的金融意识、提升他们的风险管理能力。金融知识的普及，不仅有助于农民合理利用金融资源，还能提高其的风险防范能力，促进农村经济的健康发展。

▷▷▷85. 农业保险在农村金融体系中的地位与作用是怎样的?

农业保险在农村金融体系中占据着不可或缺的地位,作为一个重要的风险管理工具,它为农业生产提供了有力保障。农业生产具有天然的高风险性,容易受到自然灾害、市场波动、病虫害等多种因素的影响。农业保险通过分散和转移风险,帮助农民和农业企业应对可能的损失,确保生产活动的稳定性和持续性,具体表现在以下方面。

一是农业保险为农民提供了经济保障。在农业生产中,农民面临着诸多不确定性,如气候变化、自然灾害等,这些因素可能导致农作物减产或失收。农业保险通过为农民提供资金补偿,减轻因灾害造成的经济损失。例如,种植保险和养殖保险可以在发生灾害时,为农户提供资金补偿,保障农业生产者的基本收入。这种经济保障不仅能够帮助农民渡过难关,还能增强他们的生产信心,促进农业生产的持续发展。

二是农业保险促进了农村金融体系的完善。随着农业保险的推广,越来越多的农民开始认识到保险的重要性,愿意参与到农业保险中来。这种参与不仅增强了农民的风险意识,也促进了农村金融市场的活跃。贷款机构在面对农业贷款时,往往会考虑到农业保险的存在。农业保险的保障使得贷款机构在发放农业贷款时更加安心,并愿意提供更多的金融支持。这种信贷支持为农业现代化和农村经济发展提供了有力支撑,推动了农村金融体系的健康发展。

三是农业保险的推广促进了农业生产的现代化。随着农业保险的普及，农民在生产过程中更加注重风险管理和科学种植。这种转变促使农民采用现代化的农业技术和管理方法，提高了生产效率和产品质量。同时，农业保险的存在也鼓励农民进行多样化经营，发展特色农业和生态农业，从而提高了农村经济的抗风险能力和可持续发展水平。

四是农业保险促进了农村社会的稳定与和谐。农业保险为农民提供了经济保障，减少了农民因自然灾害或市场波动带来的经济压力。这种保障不仅有助于提高农民的生活水平，还能增强农村社区的凝聚力和稳定性。当农民在遭遇困境时，能够依靠农业保险及时获得经济支持，从而减少社会矛盾和冲突，促进农村的和谐发展。

五是农业保险有助于应对气候变化和推动经济可持续发展。随着全球气候变化的加剧，农业生产面临的风险日益增加。农业保险作为一种有效的风险管理工具，可以帮助农民应对气候变化带来的不确定性，促进农业的可持续发展。通过农业保险，农民可以更好地管理风险，合理规划生产，提升农业生产的韧性和适应能力。

▷▷▷86. 未来农产品保险的发展趋势是怎样的？

未来农产品保险的发展趋势将是多元化、科技化和普及化的结合，随着农业技术的不断进步、农户风险管理意识的提高以及政策的支持，农产品保险将为农业生产者提供更加全面和有效的风险保障，推动整个农业保险市场的繁荣发展。具体表现在以下六个方面。

一是多元化发展。未来农产品保险将呈现出多元化的特点，保险产品种类将更加丰富，除了传统的农作物和养殖保险外，还将涵盖有机农业、精准农业等新兴领域，以满足不同农业生产者的需求。同时，保险产品将更加个性化，如针对特定气候条件、土壤类型或作物品种进行定制，以提高保险的针对性和有效性。

二是科技化进程。科技的快速发展将推动农产品保险的科技化进程。一方面，大数据和人工智能的应用将使风险评估更加准确，保险定价更加精细。通过对历史数据的分析，保险公司能够更好地预测风险，制定合理的保险费率。另一方面，利用无人机和卫星遥感等技术，保险公司可以实时监测农作物的生长情况，及时发现潜在风险，从而提高理赔效率。

三是普及化趋势。农产品保险的普及化趋势将不断增强。一方面，随着农业保险宣传的加强，农户对保险的认识将逐渐深化，更多的农业生产者将了解并接受保险产品。另一方面，保险产品的设计将更加贴近农户的实际需求，降低投保门槛，使更多的农业生产者能够参与其中。

四是政策支持。政府在推动农产品保险发展方面将发挥重要作用。一方面，政府可能会出台更多的政策和措施，鼓励保险公司开发新产品，支持农户投保。另一方面，政府可以通过财政补贴、税收优惠等方式，降低农户的投保成本，提高其投保积极性。

五是国际化视野。农产品保险的发展将呈现出国际化的趋势。一方面，各国之间将相互借鉴农业保险经验和模式，推动全球农业保险市场的发展。另一方面，国际保险公司可能进入新兴市场，带来先进的保险理念和技术，促进当地农业保险的发展。

六是可持续发展。未来的农产品保险将更加注重可持续发展。一方面，保险公司将考虑如何将可持续发展理念融入保险产品设计中，鼓励农户采用可持续的农业实践。另一方面，保险公司可以通过保险产品帮助农业生产者应对气候变化带来的风险，促进农业的可持续发展。

第六章 农村直接融资市场
与农村期货期权市场

第一节　农村直接融资市场

▷▷▷87. <u>农村直接融资市场具体是指什么？</u>

农村直接融资市场是指在农村地区，资金供需双方直接进行资金融通的市场。这一市场的形成与发展，旨在解决传统金融体系在农村融资方面的不足，促进农村经济的可持续发展。农村直接融资市场允许农户、农村小微企业、农民专业合作社等经济主体，直接与投资者、金融机构或其他资金提供者进行资金融通活动。在这一市场中，融资方可以直接发布融资需求，而投资方则可以根据自己的风险偏好和投资目标选择合适的融资项目进行投资，打破了传统银行体系的限制，提供了更加灵活和多样化的融资渠道。

农村直接融资市场的特点有：第一，资金供需双方直接对接，减少了中介环节，降低了融资成本。融资方可以通过互联网平台、社区活动等方式直接与投资者沟通，明确融资需求和条件。第二，与传统金融机构相比，农村直接融资市场提供了更为灵活的融资方式，涵盖了多种融资形式，包括股权融资、债权融资、众筹等。融资方可以根据自身的实际情况和需求，选择合适的融资金额、期限和利率，而投资方也可以根据自己的投资偏好进行选择。这些多样化的融资方式能够满足不同层次、不同类型的融资需求，促进农村经济的多元化发展。第三，在农村直接融资市场中，融资信息的透明度较高。融资方需要公开其融资需求、项目情况和风险评估，投资方可以根据这些信息做出投资决策，这有助于提高投资者的信任度，促进资金的有效流动。

农村直接融资市场的存在，极大地增加了农村经济的资金来源。传统银行往往对农村融资持谨慎态度，而直接融资市场则为农户和小微企业提供了更多的融资机会，帮助他们解决资金短缺的问题。通过直接融资，资金能够更快地流向需要的地方，从而提高资金的使用效率。融资方可以迅速获得所需资金，投资方也能及时获得投资回报，形成良性循环。

▷▷▷88. 农村直接融资市场目前存在哪些主要的挑战？

农村直接融资市场虽然为农村经济注入了新的活力，但目前仍面临诸多挑战，具体表现在以下方面，这些挑战不仅影响了市场的健康发展，也制约了农村经济的进一步繁荣。

一是信息不对称。在农村直接融资市场中，投资者在评估融资方时常常面临信息不足的困境。融资方可能缺乏足够的财务透明度，导致投资者无法全面了解其经营状况、信用风险和项目可行性，从而增加了投资风险，使得投资者在决策时更加谨慎，甚至可能导致一些潜在的优质项目因缺乏信任而无法获得资金支持。

二是市场上缺乏针对农户和农村企业特殊融资需求的专业金融产品，限制了直接融资市场的进一步发展。农村经济的特点决定了其融资需求的多样性和复杂性，然而，现有的金融产品往往无法满足这些特定需求。例如，许多农户在融资时需要灵活的还款方式和较低的利率，但传统金融产品往往不具备这些特性。同时，针对农业生产周期的特殊性，融资产品的设计也需要更加灵活，以适应不同作物的生长周期和市场需求的变化。但市场上缺乏专业化的金融产品，使得农户和农村企业在融资时面临更多困难，减弱了其融资意愿。

三是农村直接融资市场的规模相对较小，流动性不足，降低了投资者的积极性，影响了市场的整体活跃度。一方面，由于市场参与者数量有限，融资项目的选择也相对较少，导致投资者在寻找合适的投资机会时面临困难。另一方面，流动性不足还可能导致融资方在急需资金时无法及时获得支持，从而影响其正常经营和发展。市场的活跃度直接关系到资金的流动性和使用效率，流动性不足将使得资金无法有效配置，进而影响农村经济的整体发展。

四是农村直接融资市场的相关法规和政策框架还存在不完善之处。监管的盲区和漏洞可能导致不规范的市场行为，对投资者的利益构成潜在威胁。由于农村直接融资市场相对新兴，相关的法律法规尚未完全建立，导致市场参与者在操作过程中缺乏明确的法律依据。这种不确定性使得投资者在参与市场时面临较高的法律风险，可能导致投资者对市场的信心下降。同时，缺乏有效的监管机制也可能导致一些不法行为的发生，例如虚假融资、欺诈等，进一步损害了市场的信誉。

五是农村直接融资市场的参与者素质参差不齐。许多农户和小微企业在融资过程中缺乏必要的金融知识和风险管理能力，导致他们在融资决策时容易受到误导。这不仅影响了融资方的融资效果，也可能导致投资者的资金损失。保障农村直接融资市场的健康发展，需要提高市场参与者的金融素养，增强其风险意识和决策能力。

▷▷▷89. 有哪些策略或措施可以促进农村直接融资市场的健康发展？

推动农村直接融资市场的健康发展是一项系统工程，需要多措并举，以确保这一市场能够有效服务于农村经济，促进其可持续发展。具体有以下六个方面。

一是强化信息披露机制与透明度要求。信息透明是市场健康运作的基础，确保投资者能够全面、客观地掌握融资主体的财务、运营及战略规划信息至关重要。为此，一方面，相关机构可以制定明确的信息披露标准，要求融资方定期发布财务报告、项目进展和风险评估等信息，这不仅有助于投资者做出更为理性、科学的投资决策，还能降低投资风险，提升市场整体信心。另一方面，可以利用现代科技手段，如区块链技术，这有助于进一步提高信息的透明度和安全性，确保信息的真实性和不可篡改性。信息披露的透明度越高，投资者的信任度就越强，从而能够吸引更多的资金流入农村直接融资市场。

二是加强金融创新与产品开发。农村市场的独特性和具体需求决定了传统金融产品往往无法满足农户和农村企业的融资诉求。因此，金融机构应积极研发更为贴合实际的金融产品与服务。例如，金融机构可以推出针对农业生产周期的灵活贷款产品，允许农户在收获季节后再进行还款，减轻其资金压力。同时，金融机构还可以开发适合农村小微企业的股权融资和债权融资产品，满足不同类型融资方的需求；利用互联网金融技术，推出众筹、P2P 借贷等新型融资方式，为农村直接融资市场注入新的活力，拓宽融资渠道。

三是加强政府的政策引导与扶持。政府应通过实施财政补贴、税收减免等优惠政策，有效引导外部资金进入农村直接融资市场。这些政策不仅可以降低融资成本，还能增强市场的流动性和活力。例如，政府可以设立专项资金，用于支持农村直接融资平台的发展，鼓励金融机构创新金融产品，提升服务能力。同时，政府还应加强对农村金融市场的研究，及时了解市场动态和农户需求，制定相应的政策措施，以促进市场的健康发展。

四是完善法规体系与监管机制。建立健全的法规体系是维护市场秩序和保护投资者权益的基础。一方面，政府应制定明确的市场规则，确保市场参与者在公平、透明的环境中进行交易。另一方面，政府应强化对市场参与者的监督与管理，建立健全的信用评价体系，对不良行为进行惩戒，以维护市场的公平性、透明度和规范性。通过完善的监管机制，政府可以有效防范市场风险，保护投资者的合法权益，增强市场的稳定性。

五是提升农村金融服务的可及性。许多农村地区的金融服务设施相对薄弱，农户和小微企业在融资时面临较高的门槛。金融机构应加大对农村地区的服务力度，设立更多的服务网点，提供便捷的金融服务。同时，金融机构应利用移动互联网技术，开发手机银行、在线贷款等服务，方便农户随时随地获取金融服务，降低融资成本。

六是提高市场参与者的金融素养。许多农户和小微企业在融资过程中缺乏必要的金融知识和风险管理能力，导致他们在融资决策时容易受到误导。政府和金融机构应加强对农户和企业的金融教育，提供相关的培训和咨询服务，帮助他们提高金融素养，增强风险意识和决策能力。通过提升市场参与者的整体素质，农村直接融资市场的健康发展可以得到有效促进。

第二节　农村产权交易平台

▷▷▷90. 金融机构如何助力农村闲置资产盘活？

金融机构主要通过以下方式助力农村闲置资产盘活。

一是提供融资支持。比如，汨罗农商银行通过出资与农村产权交易中心共同建设交易平台，这不仅有助于交易平台的顺利运作，还能促进农村闲置资产的流转交易。此外，金融机构还提供农村产权抵（质）押融资服务，为农户和农业经营者提供资金支持，帮助他们盘活闲置资产。

二是创新金融产品和服务。一些地区的金融机构针对农村闲置资产盘活的需求，开发创新的金融产品和服务。例如，成都市温江区的金融机构就探索出了"温江模式"，借助温江区被列入全国首批"农村承包土地的经营权抵押贷款"试点区县的春风，通过经营权直接抵押、"经营权+地上附着物"抵押等方式，为农户提供多样化的融资选择。类似的案例也出现在浙江省金华市，2024 年 1 月，兰溪市马涧镇某杨梅种植户以土地经营权和大棚设施做抵押，成功收到兰溪农商银行发放的50 万元贷款资金，有效解决了资金周转难题，这是浙江金华落地的首笔土地"经营权+地上附着物"抵押贷款。

三是加强与政府和其他机构的合作。一些地区的金融机构正与政府、农业部门、农村产权交易中心等机构加强合作，共同推动农村闲置资产的盘活。例如，汨罗农商银行与汨罗市农村产权交易中心合作，共同建设交易平台，实现了产权交易闭环服务体系。汨罗农商银行将作为汨罗市农村产权交易中心指定合作银行，出资共同建设交易平台，助力盘活农村闲置资产，支持农村产权抵（质）押融资创新业务的开发和推广，让农户能够直接在产权交易中心享受到优质的金融服务，实现产权交易闭环服务体系。

▷▷▷91. 什么是农村产权交易平台?

农村产权交易平台是一个专门为农村产权交易提供服务的平台，旨在促进农村产权的流转和交易。农村产权交易平台主要拥有以下功能。

一是提供基础服务。农村产权交易平台提供基础的服务功能，包括信息发布、交易申请受理、交易活动组织等。比如，江苏省农村产权交易信息服务平台已实现全省范围内农村产权交易信息的互通、互认和共享，确保了信息的准确性和时效性。此外，该平台还出具流转交易鉴证书，协助办理产权变更登记和资金结算手续，为交易双方提供便捷的服务。

二是延伸交易服务链条。交易平台提供项目评估、政策咨询、法律服务、招商撮合等前端服务，以及融资担保、管理咨询、农产品销售等后端服务，构建起全流程的服务链。这种全方位的服务模式有助于市场化服务体系的完善，进一步促进了农村产权交易的顺利进行。

三是探索抵押融资实现路径。农村产权交易平台还在探索农村产权抵押融资的实现路径，通过打造"互联网+交易鉴证+他项权证+抵押登记"的抵押融资链条，对接涉农金融机构，为新型农业经营主体解决融资难题。

四是增加交易透明度和合法性。通过农村产权交易平台进行交易，有利于实现农村产权交易的阳光操作，维护农民群众的合法权益，并减少不必要的纠纷。平台提供严格的市场准入审查，确保不合规、不诚信的个人或单位无法进入市场交易，同时对交易过程进行详细记录，确保交易的合法性。

五是实现信息共享和产权收益最大化。交易平台通过省、市、县、镇、村的有机互动和信息共享，最大限度地发挥市场作用，有助于实现农村产权收益的最大化和农村集体资产的保值增值。

▷▷▷92. 农村产权交易平台如何帮助农户融资?

近年来，农村产权交易平台在帮助农户融资方面发挥了重要作用，具体表现在以下方面。

一是提供规范的交易环境。农村产权交易平台为农户和投资者提供了一个公开、透明、规范的交易环境，这有助于确保交易的公平性和合法性，增强投资者信心。通过平台，农户可以更加便捷地找到潜在的投资者或金融机构，进而获得更多的融资机会。

二是确定产权价值。平台上的公开交易有助于确定农村产权的市场价值，这可以作为农户申请贷款时的重要参考，因为金融机构在评估贷款申请时，通常会考虑抵押物的价值。

三是简化融资流程。平台通常提供一系列的服务，如产权交易咨询、信息发布、资料审核等。这些服务有助于简化融资流程，降低农户在融资过程中的时间成本和精力成本。此外，平台还可能与金融机构建立合作关系，为农户提供更便捷的融资渠道和更优惠的融资条件。

四是增强信用背书。在农村产权交易平台上进行交易，可以为农户提供信用背书。这类背书效应有助于提升农户在金融机构中的信誉度，使其更容易获得贷款。此外，平台还可以记录农户的交易历史和信用情况，这些信息可以作为金融机构评估贷款申请的额外参考。

五是创新融资模式。一些先进的农村产权交易平台还探索了与金融机构合作的新模式，如"交易鉴证+抵押登记+银行贷款"等。这些模式为农户提供了更多的融资选择，并降低了融资门槛。例如，山东省农村产权交易中心成功探索出一种包含交易鉴证、抵押登记、银行贷款等多个环节的融资模式，有效解决了农业产业融资难、融资贵的问题。

第三节　农产品现货与期货市场

▷▷▷93. 农产品现货市场与期货市场的主要区别是什么？

农产品现货市场与期货市场是农产品交易的重要组成部分，它们在交易方式、时间、价格形成机制等方面存在以下显著的区别。这些区别不仅影响了市场参与者的交易策略，也对农产品的流通和价格形成产生了深远的影响。

一是交易时间和方式的不同。现货市场是即时交易的市场，买卖双方通常采用"一手交钱一手交货"的方式，直接进行实物商品的交易。在现货市场上，交易的农产品是实实在在的，买方在支付货款后可以立即获得商品。这种即时性使得现货市场的价格主要由当前的供需关系决定，易受到市场实时动态的影响。例如，在丰收季节，农产品的供应量增加，价格可能会下降；而在遇到自然灾害或市场需求上升时，价格则可能上涨。相对而言，期货市场则是交易未来货物的合约。买卖双方在期货市场上约定在未来的某个时间点，以特定价格交割一定数量的农产品。期货合约的存在使得交易者可以在不实际交割商品的情况下进行交易，主要关注的是农产品的未来价值。

二是价格形成机制的不同。现货市场的价格形成主要依赖于即时的供需关系，市场参与者的买卖行为直接影响价格的波动。例如，某种农产品的需求突然增加，供应不足时，价格将迅速上涨；反之，若供应过剩，价格则可能下降。而期货市场的价格形成则更加复杂，除了当前的供需关系外，市场参与者还会考虑未来的市场预期、政策变化、气候因素等多重因素。

三是市场参与者的动机不同。在现货市场，参与者主要是为了满足即时的需求或进行库存管理，农民、批发商、零售商等直接参与者通常希望通过现货交易获得实物商品。而在期货市场，参与者的动机则更加多样化，除了农户和生产者以外，投机者、对冲基金和金融机构等也积极参与。投机者通过期货合约进行风险管理和套利，利用价格波动获取利润；而生产者和消费者则可以利用期货市场锁定未来价格，以规避价格波动带来的风险。

四是风险管理功能的不同。现货市场的交易者面临的是实物商品的价格波动风险，而期货市场则为参与者提供了一种有效的风险管理工具。通过在期货市场上进行对冲交易，农户和生产者可以锁定未来的销售价格，降低因市场波动带来的不确定性。例如，农民在播种时可以通过卖出期货合约来锁定未来的销售价格，从而确保其收入的稳定性。这种风险管理功能使得期货市场在农业生产中扮演着越来越重要的角色。

五是市场的流动性和效率的不同。现货市场的流动性通常较低，尤其是在某些特定的农产品上，可能会因为供需不平衡而导致价格波动较大。而期货市场通常具有较高的流动性，参与者可以在市场上迅速进出，交易量大，价格发现效率高。这种高流动性使得期货市场能够更快速地反映市场信息，提供更为准确的价格信号。

▷▷▷94. 农产品期货市场应如何创新以适应现代农业发展的需求?

随着现代农业的快速发展，农产品期货市场面临着新的挑战和机遇。为了更好地适应现代农业发展的需求，农产品期货市场需要不断进行创新，具体有以下几个方面。

一是增加新的农产品期货合约。现代农业中出现了许多具有重要地位且价格波动较大的新型农产品，例如有机农产品、特色农产品和高附加值的农产品等。这些产品的市场需求日益增长，但在现有的期货市场中往往缺乏相应的期货合约。期货市场应积极开发这些新型产品的期货合约，为农民和农业企业提供更多的风险管理工具。这不仅有助于提升市场的多样性和活跃度，还能吸引更多的市场参与者，增强市场的流动性。例如，有机农业的兴起使得有机粮食、蔬菜和水果的需求激增，期货市场可以推出相关合约，帮助农民锁定未来价格，降低市场波动带来的风险。

二是借助现代科技手段，提升交易效率和透明度。现代科技的发展为期货市场的创新提供了新的可能性。其一，利用大数据和人工智能技术，市场参与者可以对市场数据进行深度挖掘和分析，从而为投资者提供更准确的市场预测和决策支持。这些技术可以帮助交易者识别市场趋势、分析供需变化，并优化交易策略。其二，区块链技术的应用也能显著提高市场的透明度和公信力。通过区块链，交易数据的真实性和不可篡改性得以保障，市场参与者能够更放心地进行交易，降低信息不对称带来的风险。透明的数据和信息共享机制将促进市场的健康发展，增强参与者的信任。

三是加强与国际市场的联系，推动国际化发展。随着全球农业贸易的日益紧密，国际市场波动对国内农产品价格的影响越来越大。农产品期货市场需要积极引入国际投资者和交易品种，提高市场的国际影响力，从而更好地服务现代农业的全球化发展。通过与国际期货交易所的合作，农产品期货市场需要引入国际标准，从而提升国内期货市场的竞争力。此外，推动跨境交易和国际合作，可以帮助国内农产品更好地进入国际市场，增加农民的收入。

四是创新交易机制和产品设计。为了适应现代农业的多样化需求，期货市场可以创新交易机制，例如推出更多的灵活合约和期权产品。这些新型合约可以根据农产品的生产周期、市场需求和价格波动等因素进行定制，满足不同参与者的需求。同时，期货市场还可以考虑引入保险机制，帮助农民和生产者在极端天气或市场波动时获得额外保障。

五是加强市场教育和培训。随着期货市场的不断发展，市场参与者的素质和能力也需要相应提升。期货市场应加强对农民、农业企业和投资者的教育和培训，帮助他们了解期货市场的运作机制、风险管理工具和交易策略。期货市场通过定期举办培训班、讲座和线上课程，可以提高参与者的金融素养和风险意识，使他们能够更好地利用期货市场进行风险管理和投资决策。

六是推动政策支持与合作。政府在推动农产品期货市场创新中扮演着重要角色。政策支持可以为市场的创新提供保障，例如，通过财政补贴、税收优惠等措施，鼓励金融机构和市场参与者开发新型期货产品和服务。此外，政府还可以加强与农业、金融、科技等领域的合作，推动跨行业的协同创新，共同提升农产品期货市场的服务能力和竞争力。

第四节　农产品期权市场

▷▷▷95. 农产品期权市场的起源与发展是怎样的？

农产品期权市场的起源与发展是一个与农业生产、金融市场和风险管理密切相关的过程。随着现代农业的不断演进，农产品价格的波动也日益加剧，这使得农业生产者和相关企业面临着巨大的市场价格风险。在这种背景下，农产品期权应运而生，成为一种有效的风险管理工具。

农产品期权市场的起源可以追溯到20世纪70年代，随着全球经济的变化，特别是石油危机和经济衰退，农业生产者和贸易商对价格风险的关注逐渐增加。农产品的价格波动不仅受到自然气候、供需关系的影响,还受到国际市场、政策变化等多重因素的影响,导致农业生产者在销售时面临不确定性。为了有效管理这种风险,农业生产者和贸易商开始寻求新的金融工具来锁定未来的买卖价格。

在这一背景下,农产品期权的出现正好满足了这一迫切需求。期权是一种金融衍生品,赋予持有者在特定时间以特定价格买入或卖出标的资产的权利,但并不承担必须履行的义务。这一特性使得农产品期权成为一种灵活的风险管理工具,能够帮助农业生产者对冲价格波动带来的不确定性。

农产品期权市场的初期发展相对缓慢。最早的期权合约种类较少,交易也并不活跃,市场参与者对期权的认知和理解有限。然而,随着时间的推移,特别是20世纪八九十年代,全球范围内的金融市场逐渐成熟,期权交易的概念和机制被越来越多的市场参与者接受。政府在这一过程中发挥了重要的推动作用。为了支持农业生产和维持市场的稳定,许多国家的政府开始加大对农产品期权市场的支持力度,这包括提供财政补贴、制定优惠政策、设立专门的期权交易所等措施。这些政策有效地吸引了更多的市场参与者进入农产品期权市场,推动了市场的快速发展。随着市场的不断扩大,农产品期权的合约品种也在不断丰富。最初,市场上的期权合约主要集中在一些传统的农产品上,如小麦、玉米、大豆等。随着市场需求的变化,越来越多的农产品被纳入期权交易的范围,包括有机农产品、特色农产品等。这些新型期权合约的推出,不仅丰富了市场的产品种类,还为农业生产者和投资者提供了更多的选择和机会。交易量的增长是农产品期权市场发展的另一个重要标志。随着市场参与者的增加以及交易品种的丰富，农产品期权的交易量逐年攀升。这一增长不仅提高了市场的流动性和效率，还增强了市场的价格发现功能，使得期权市场能够更准确地反映供需关系和市场预期。

进入 21 世纪后，农产品期权市场的发展进入了一个新的阶段。科技的进步为市场的创新提供了新的动力，电子交易平台的出现使得期权交易更加便捷，市场参与者能够实时获取市场信息，进行快速交易。此外，大数据和人工智能技术的应用也为市场分析和决策提供了支持，帮助参与者更好地评估风险和机会。在全球化的背景下，农产品期权市场的国际化发展也日益显著。越来越多的国家和地区开始建立自己的农产品期权市场，推动国际合作与交流。这一趋势不仅提升了市场的竞争力，也为农业生产者和投资者提供了更广阔的市场空间。

▷▷▷96. 农产品期权市场有哪些显著的变革？

近年来，农产品期权市场在多个方面经历了显著的变革，这些变革主要体现在合约品种、交易技术、市场监管，以及教育与培训等领域。这些变化不仅推动了市场的成熟和发展，也为市场参与者提供了更多的机会和保障。

一是合约品种的不断丰富。农产品期权市场的一个显著变革是合约品种的不断丰富。过去，农产品期权市场主要集中在一些传统的农产品上，例如小麦、玉米和大豆等。虽然这些产品交易量较大，但市场对新型农产品的需求逐渐增加，尤其是随着消费者对健康和环保的关注，市场对有机农产品、特色农产品和高附加值农产品的需求日益增长。近年来，市场不断推出新的农产品期权合约，涵盖了更多种类的农产品。例如，有机小麦、有机大豆、特色水果和蔬菜等新型期权合约的出现，为农业生产者和相关企业提供了更多的选择，以满足他们不同的风险管理需求。这些新合约的推出不仅丰富了市场的产品线，还吸引了更多投资者的关注，进一步促进了市场的繁荣。

二是交易技术的革新。交易技术的革新是近年来农产品期权市场的另一大亮点。随着信息技术的快速发展，电子化交易系统的广泛应用极大地提高了交易的效率和透明度。传统的交易方式往往依赖于人工操作，容易出现人为错误和信息延迟，而电子交易平台的引入使得交易过程更加自动化和高效。现在交易者可以通过先进的交易平台快速完成交易，实时获取市场信息和进行数据分析。这种快速反应的能力使得交易者能够及时调整自己的交易策略，抓住市场机会，降低交易成本。同时，电子交易平台还提供了丰富的市场数据和分析工具，帮助交易者更好地理解市场动态，做出更为理性的决策。交易的透明度也是电子化交易的一大优势。市场数据可以通过电子平台公开，使得交易信息透明化，让所有市场参与者都能平等地获取信息。这种透明度不仅增强了市场的公信力，也降低了信息不对称带来的风险，为投资者提供了更为公平的交易环境。

三是市场监管的加强。市场监管的加强是近年来农产品期权市场变革的重要方面。随着市场规模的扩大和参与者的多样化，市场操纵、不当交易等不法行为的风险也随之增加。为了维护市场的健康发展，政府和相关监管机构不断完善法律法规，加大对市场的监管力度。例如，许多国家和地区的监管机构出台了针对期权市场的专项法规，明确了市场参与者的权利和义务，规范了交易行为。这些法规不仅提高了市场的透明度和规范性，也为投资者提供了法律保障，使他们在参与市场交易时能够更加安心。同时，监管机构还加强了对市场交易的监测和分析，及时发现和打击市场操纵等不法行为。这些措施有助于维护市场的公平性和透明度，增强了投资者的信心，使得更多的资金愿意流入农产品期权市场。

四是教育与培训的加强。为了适应市场的快速发展，农产品期权市场还加强了对市场参与者的教育和培训。市场监管机构、交易所以及金融机构纷纷推出针对农产品期权的培训课程和讲座，帮助参与者了解期权的基本知识、交易策略和风险管理技巧。通过这些教育和培训，市场参与者能够更好地理解期权市场的运作机制，提升自身的金融素养和风险意识。

第七章　数字普惠金融与乡村振兴

第一节　数字经济与数字普惠金融

▷▷▷97. *数字时代，农村经济呈现出哪些新趋势?*

在数字时代，农村经济呈现出一系列新趋势，主要表现在以下方面，这些趋势不仅改变了传统农业的生产方式，也推动了农村经济的全面发展。

一是农业生产智能化。随着数字技术的迅猛发展，农业生产逐渐向智能化转型。智能农业系统的应用使得农民能够实时掌握作物生长情况、土壤湿度、气温变化等关键信息。这些信息通过传感器、无人机和物联网技术等手段进行收集和分析，帮助农民更加科学地制定种植计划。例如，农民可以根据土壤湿度数据决定何时灌溉，避免水资源的浪费；通过气象数据预测，合理安排播种和收割时间。这种智能化的生产方式不仅提高了农业生产效率，还降低了人力成本，提升了农产品的质量和产量。

二是农产品电商化。数字经济为农产品销售提供了新的渠道，推动了农产品的电商化发展。一方面，电商平台的兴起使得农民能够更好地展示自己的产品，他们可以利用社交媒体和直播等新兴方式进行营销，吸引更多的消费者，这种模式不仅减少了中间环节，提高了农民的收入，也为消费者提供了更多的选择。另一方面，电商化还促进了农村物

181

流的发展，推动了农村基础设施的改善，使得农产品能够更快速地到达消费者手中。

三是乡村治理数字化。数字技术的应用有助于推动乡村治理的数字化进程。通过建设乡村数字化管理平台，乡村管理者可以实现对乡村环境、公共安全、民生服务等方面的实时监控和精准管理。例如，利用大数据分析，乡村管理者可以及时掌握村庄的环境变化，发现潜在的安全隐患，及时采取措施进行整改。同时，数字化治理还可以提高村民的参与度，乡村管理者借助在线平台收集村民的意见和建议，可以增强乡村治理的透明度和公信力。这种数字化的治理模式不仅提高了乡村治理的效率，也促进了社会的和谐发展。

四是农业发展绿色化。在数字技术的助力下，绿色农业的理念得到了广泛推广和应用。一方面，数字技术使得农民能够实时监测乡村环境质量，及时发现和解决环境问题，从而更加科学地进行农业生产。例如，通过环境监测系统，农民可以了解土壤的营养成分和污染情况，合理施肥和使用农药，减少对环境的负面影响。另一方面，数字技术还可以帮助农民进行精准农业生产，减少资源浪费，推动农业生产方式的绿色转型。这种绿色化的发展不仅有助于保护乡村生态环境，还促进了乡村的可持续发展。

五是农村金融服务数字化。数字技术的应用使得农村金融服务变得更加便捷和高效。传统的农村金融服务往往受到地理位置的限制和信息不对称的影响，而数字金融的兴起为农村经济的发展提供了新的动力。

通过移动支付、在线贷款和数字货币等方式，农民可以更加方便地获取金融服务，解决资金周转的问题。同时，金融科技公司也开始关注农村市场，推出针对农民的信贷产品和保险服务，降低了农民的融资成本，促进了农村经济的活跃。

六是农村文化传播数字化。数字时代的到来使得农村文化的传播方式发生了变化。通过互联网和社交媒体，农村文化得以更广泛地传播，乡村的传统习俗、民间艺术和地方特色产品等都可以通过数字平台展示给更广泛的受众。这不仅有助于保护和传承农村文化，也为乡村旅游和文化产业的发展提供了新的机遇。农民可以通过数字化手段将自己的文化资源转化为经济收益，推动乡村经济的多元化发展。

七是农村教育数字化。数字技术的普及为农村教育带来了新的机遇。通过在线教育平台，农村学生可以接触到更优质的教育资源，享受到与城市学生相同的学习机会。这种教育模式不仅提高了农村教育的质量，也为农村人才的培养提供了保障。同时，数字化教育还可以帮助农民提升自身的技能和知识水平，促进农村劳动力的转型升级。

▷▷▷98. 为什么说发展数字普惠金融有助于促进共同富裕？

数字普惠金融是一种新型的金融服务模式。它结合了大数据、人工智能、区块链等先进的信息技术，旨在以更低的成本、更高的效率提供金融服务，同时改善金融产品的质量。这种模式的核心在于消除金融服务中的区域差距与城乡差距，使更多人能够平等地获取金融资源和服务。发展数字普惠金融有助于促进共同富裕,体现在以下七个方面。

一是提升金融服务可得性。 数字普惠金融通过技术手段,使得金融服务能够覆盖更广泛的地区和人群,包括传统金融服务难以触及的农村和偏远地区。通过移动设备和互联网,农民和小微企业主可以便捷地获得信贷、储蓄和保险等服务。这种模式有效满足了传统金融服务难以覆盖的低收入人群和小微企业等"长尾客户"的需求,缩小了城乡之间的金融服务差距。

二是降低金融服务门槛。 借助数字技术,金融机构能够更有效地评估风险和管理资产,降低提供金融服务的成本。这使得许多原本由于缺乏信用记录而无法获得贷款的个人和小微企业,也能够通过数字普惠金融获得融资。技术的普及使得信用评估变得更加准确,信用评分系统得以在大数据平台上运行,为需要资金支持的个体和小企业提供了更为友好的借贷条件。

三是创新金融产品和服务。 数字普惠金融推动了金融产品和服务的创新。通过移动支付、数字理财、小额贷款等产品,金融机构能够满足不同消费者的多样化金融需求。这些创新产品和服务为用户提供了更多选择和便利,有助于提升他们的经济福祉,使更多人能够参与到经济活动中,从而有助于实现共同富裕。

四是促进农业农村发展。 数字普惠金融可以为农业农村产业提供定制化的金融解决方案,如优惠贷款、农业保险等,从而缓解农业农村领域的融资难题。资金的流入促进了农业生产的提升、农村经济的繁荣,并且带动了农民的收入增长。尤其是在面对自然灾害、市场波动等风险因素时，数字普惠金融能够为农民提供有效的风险保障方案。

五是强化风险管理能力。数字技术使得金融机构能够更精确地评估和管理风险。通过大数据分析和预测模型，金融机构可以更及时地发现潜在风险并采取应对措施，这有助于保障金融市场的稳定运行，为消费者和企业提供更加安全的金融环境。

六是推动经济包容性增长。数字普惠金融通过降低交易成本和信息不对称，促使更多的参与者融入经济体系。通过鼓励投资、创新和创造就业机会，数字普惠金融有助于推动整个经济体的进一步发展，缩小收入差距，为每个人的成长提供充分的可能性。

七是促进社会责任的履行。越来越多的金融机构意识到，实现商业成功的同时，也要承担相应的社会责任。数字普惠金融的推广使得金融机构能够更好地服务于社会，特别是在支持弱势群体、推动可持续发展以及促进地区经济繁荣方面。

第二节　金融助力乡村振兴

▷▷▷99. 金融如何助力农村集体经济？

金融助力农村集体经济的方式多种多样，主要有以下八个方面，这些措施不仅能够有效解决农村集体经济组织面临的融资难题,还能推动农村经济的全面发展,助力实现乡村振兴和共同富裕的目标。

一是强化涉农信贷投放。金融机构通过发放贷款,支持农村基础设施建设、农业产业升级以及特色产业发展等项目,以此带动农村产业融合发展,帮助农村集体经济组织壮大经济实力。农村集体经济组织通常面临资金短缺的问题,而通过信贷投放,金融机构能够为这些组织提供必要的资金支持,帮助他们进行基础设施建设,如道路、灌溉系统和仓储设施等。这些基础设施的改善不仅提升了农业生产效率,还为农村集体经济的可持续发展奠定了基础。金融机构还可以通过专项贷款支持农村集体经济组织的产业升级,鼓励他们向高附加值的农业产品和服务转型,推动农村经济的多元化发展。

二是创新金融产品与服务。针对农村集体经济组织的特殊法人性质和融资需求,金融机构可以提供适配性的金融产品和服务。例如,金融机构可推出专门的贷款产品,如"集体信用贷",通过综合评价农村集体经济组织的经营收入、资产情况、还款能力等因素,提供低利率、长期限、高额度的信贷支持。这类创新产品能够有效解决农村集体经济组织融资难、融资贵的问题,降低融资成本,提高资金使用效率。

三是提升农村金融服务水平。金融机构可以优化支付结算服务环境,畅通支付结算渠道,以提升农村金融服务水平。这包括推广现代化的支付工具,提供便捷的支付服务,以及加强农村金融知识的宣传普及,帮助农村集体经济组织更好地利用金融工具进行资金管理和增值。

通过引入移动支付、电子钱包等现代支付方式，农村集体经济组织可以更高效地进行资金流转，降低交易成本。同时，金融机构还应加强对农村集体经济组织的金融知识培训，提高他们的金融素养，使其能够更好地理解和运用金融产品，提升资金管理能力。

四是保障重点领域金融投入。金融机构应加强对粮食生产、收储、流通、加工等重要环节的金融精准供给，确保农村集体经济在关键领域获得必要的资金支持；并做好脱贫人口小额信贷工作，加大对国家乡村振兴重点帮扶县的金融支持。这些措施不仅有助于提高农村集体经济的抗风险能力，还能促进农村经济的稳定发展。

五是推动农村集体经济组织的合作与发展。金融机构可以通过建立农村集体经济组织的合作社，促进不同集体经济组织之间的资源共享与合作。通过合作社的形式，农村集体经济组织可以共同申请贷款、共享市场信息、共同开展生产和销售活动，从而降低经营风险，提高经济效益。金融机构还可以为这些合作社提供专业的咨询服务，帮助他们制定合理的经营计划和发展战略，提升整体竞争力。

六是加强金融科技的应用。一方面，随着金融科技的快速发展，金融机构可以利用大数据、人工智能等技术手段，为农村集体经济组织提供更加精准的金融服务。例如，通过大数据分析，金融机构可以更好地评估农村集体经济组织的信用风险，制定个性化的信贷方案。另一方面，金融科技还可以帮助农村集体经济组织实现资金的高效管理，提高资金使用效率，降低运营成本。通过引入智能合约等区块链技术，金融机构可以提高交易的透明度和安全性，增强农村集体经济组织的信任感。

七是促进农村集体经济的可持续发展。金融机构在支持农村集体经济发展的同时，还应关注其可持续性。金融机构通过提供绿色金融产品，鼓励农村集体经济组织采用环保的生产方式，推动农业的绿色转型。例如，金融机构可以为采用有机农业、生态农业等可持续发展模式的农村集体经济组织提供优惠贷款，支持他们进行技术改造和设备更新。这不仅有助于提高农业生产的环境友好性，还能提升农村集体经济的长期竞争力。

八是加强政策支持与合作。金融机构在助力农村集体经济发展的过程中，应积极与政府、农业部门、行业协会等相关机构合作，形成合力。通过政策引导和资金支持，政府鼓励金融机构加大对农村集体经济的投入。同时，政府可以通过设立专项基金、提供风险补偿等方式，降低金融机构的风险，激励其积极参与农村集体经济的发展。

▷▷▷100. 如何开展乡村金融教育？

乡村金融教育的重要性在于提升农村居民的金融素养和风险防范意识，帮助他们更有效地利用金融工具和服务，促进乡村经济的健康发展。具体来说，乡村金融教育的重要性可以归纳为以下三点：**一是提升金融素养。**较高的金融素养使农民在生产经营和生活决策中更加理性，能够更好地理解各种金融产品的特点和风险，从而在选择贷款、投资和储蓄时做出明智的决策。通过金融教育，农民能够避免盲目借贷和落入高利贷的陷阱，提高资金使用效率，最大限度地提高经济效益。**二是增强风险防范意识。**金融教育能够帮助农村居民识别和管理金融风险，使他们在面对市场波动和自然灾害时，能够采取有效的应对措施，降低经济损失。通过学习风险管理技巧，农民可以更好地规划家庭预算，合理配置资金，确保经济的稳定发展。**三是促进经济发展。**金融素养的提升使得农民能够更有效地利用金融工具，参与到农村经济的各个环节中。通过合理的资金管理和投资决策，农民可以实现资金的增值，推动农村集体经济和家庭经济的共同发展。

开展乡村金融教育主要有以下措施。

一是开设金融知识讲座和培训班。政府和金融机构可以联合举办金融知识讲座和培训班，面向不同群体，如农户、小微企业主、合作社成员等，进行有针对性的知识普及和培训。讲座和培训班可以涵盖金融基础知识、信贷申请流程、投资理财技巧、风险管理等内容，帮助农村居民全面提升金融素养。

二是利用多种媒介传播金融知识。政府和金融机构可以通过农村广播、电视、互联网等多种媒介，传播金融知识和管理技能。例如，利用农村广播定期播放金融知识节目，邀请金融专家进行讲解；通过电视节目展示成功的农村金融案例，激励更多农民参与金融活动。同时，互联网的普及也为金融教育提供了新的渠道，政府和金融机构可以通过微信公众号、短视频平台等传播金融知识，吸引年轻农民的关注。

三是建设农村金融知识宣传站。政府和金融机构可以在农村设立金融知识宣传站,提供金融知识的宣传和咨询服务。宣传站可以定期举办金融知识讲座、发放宣传资料,帮助农民了解金融产品和服务的基本信息。同时,宣传站还可以设立金融服务热线,提供一对一的咨询服务,解答农民在金融方面的疑问。

四是深入农村社区开展现场活动。一方面,金融机构可以通过深入农村社区,开展现场活动,与村民直接互动,解答金融疑问。活动可以包括金融知识竞赛、模拟投资游戏、金融产品展示等,增强农民的参与感和学习兴趣。另一方面,金融机构还可以通过发放宣传资料、设置咨询台等形式,向村民普及金融知识,增强他们的金融意识。

五是鼓励农村合作社和农民组织参与金融教育。农村合作社和农民组织在乡村金融教育中发挥着重要作用。政府和金融机构可以鼓励这些组织积极参与金融教育活动,组织成员进行金融知识学习和交流。通过合作社的力量,政府和金融机构可以更有效地传播金融知识,提高农民的金融素养。

六是建立金融教育的评估机制。为了确保乡村金融教育的有效性,政府和金融机构可以建立金融教育的评估机制,定期对金融教育的效果进行评估。通过问卷调查、访谈等方式,政府和金融机构可以了解农民对金融知识的掌握情况和实际应用能力,从而不断改进金融教育的内容和形式,提高教育的针对性和实效性。

七是加强与高校和研究机构的合作。政府和金融机构可以与高校、研究机构合作，开展乡村金融教育的研究和实践；通过引入专业的金融教育团队，设计科学的金融教育课程和教材，从而提高金融教育的专业性和系统性。同时，借助高校的资源和人才优势，政府和金融机构可以为农村居民提供更为丰富的金融知识和技能培训。

八是利用数字技术提升金融教育的效率。随着数字技术的发展，金融教育可以借助在线学习平台、移动应用等形式，提供更加灵活和便捷的学习方式。此外，金融机构还可以开发金融教育的在线课程，结合实际案例和互动环节，提高学习的趣味性和实用性。农民可以通过手机、电脑等设备随时随地学习金融知识，提升学习的主动性和积极性。

九是开展金融素养评估与认证。为了激励农村居民参与金融教育，政府和金融机构可以开展金融素养评估与认证活动。通过对农民金融知识和技能的评估，政府可以为合格者颁发金融素养证书，以提升他们的自信心和参与感。通过认证不仅可以作为农民参与金融活动的凭证，还可以为他们在申请贷款、投资等方面提供便利。

十是加强政策支持与资金投入。政府可以加大对乡村金融教育的政策支持和资金投入，鼓励金融机构积极参与乡村金融教育活动。政府通过设立专项资金、提供税收优惠等方式，激励金融机构开展金融教育，提升农村居民的金融素养。